OUVRAGE RÉALISÉ SOUS LA DIRECTION D'HÉLÈNE POTELET

Vocabulaire 6e
pour lire et pour écrire

Michel Boussemart
Certifié de Lettres modernes
Professeur au collège André-Malraux (Paris)

Hélène Crenon
Certifiée de Lettres modernes
Professeur au collège Pilâtre-de-Rozier (Paris)

Hélène Potelet
Agrégée de Lettres classiques
Professeur au collège Boris-Vian (Paris)

HATIER

Conception maquette : **Stéphanie Hamel**
Réalisation PAO : **Sabine Beauvallet**
Iconographie : **Hatier Illustration**
Illustrations : **Jérémy Clapin** (p. 6, 8, 13, 18, 24, 28, 34, 38, 51, 52, 54, 57, 58, 62, 68, 72)
Logo « Dico » : **Jérémy Clapin**
Schémas : **Coredoc** (p. 48, 49 bas), **WAG** (p. 49 haut)

© HATIER, Paris, avril 2009 — ISBN : 978-2-218-93489-6
Toute représentation, traduction, adaptation ou reproduction, même partielle, par tous procédés, en tous pays, faite sans autorisation préalable est illicite et exposerait le contrevenant à des poursuites judiciaires. Réf. : loi du 11 mars 1957, alinéas 2 et 3 de l'article 41.
Une représentation ou reproduction sans autorisation de l'éditeur ou du Centre Français d'Exploitation du droit de Copie (20, rue des Grands-Augustins, 75006 PARIS) constituerait une contrefaçon sanctionnée par les articles 425 et suivants du Code Pénal.

Avant-propos

Pourquoi un manuel de vocabulaire ?

- L'apprentissage régulier du vocabulaire constitue l'une des **priorités** du nouveau programme de français. Ce manuel se donne ainsi pour objectif d'enrichir le vocabulaire des élèves afin de leur permettre de développer leurs compétences en matière de **lecture** et d'**écriture**.
- L'ouvrage est conçu pour s'intégrer facilement à toute progression annuelle et peut être utilisé, en **classe** comme à la **maison**, quel que soit le **niveau** des élèves. La démarche adoptée, méthodique et progressive, en fait tout à la fois un instrument de **remédiation** et d'**apprentissage**.

Comment l'associer à votre progression annuelle ?

- Les **FICHES MÉTHODES** posent le **préalable** à tout travail bien mené sur la langue : savoir utiliser le dictionnaire, lire et comprendre les consignes.
- Les **FICHES THÈMES** visent à familiariser l'élève avec le vocabulaire, souvent nouveau pour lui, des textes du programme, qu'il s'agisse des grands textes fondateurs ou des contes et récits merveilleux. Des fiches sur les animaux, les activités humaines, les espaces naturels et citadins, les arts et la culture amènent l'élève à **découvrir** et **utiliser** un vocabulaire varié qu'il pourra rencontrer dans toutes les **disciplines** scolaires, dans ses **lectures** ou ses **travaux d'écriture**.
- Les **FICHES NOTIONS** abordent les **savoirs indispensables** à la structuration du lexique : l'étymologie, le sens des mots, les notions de synonymie et d'antonymie, etc.

Comment utiliser les fiches de vocabulaire ?

- Le **texte d'observation** est souvent choisi parmi les textes au programme, et s'accompagne d'un petit questionnaire destiné à faire prendre conscience des réseaux lexicaux qui sous-tendent le texte.
- Une **valise de mots** offre un réservoir de mots à **utiliser** dans les exercices. L'objectif est que l'élève en **mémorise** une grande partie, afin d'enrichir ses connaissances lexicales et de varier son expression orale et écrite.
- Des **exercices d'entraînement** mettent l'accent sur les multiples utilisations du lexique. Ils encouragent la réflexion, le maniement du dictionnaire, le goût pour la recherche des mots justes et précis.
- Des **activités d'expression écrite** réinvestissent immédiatement les connaissances lexicales acquises, afin que l'élève exprime le plus justement possible ses pensées et ses sentiments.

Apprendre du vocabulaire, c'est jouer avec les mots : nous avons souhaité que l'ouvrage comporte une **dimension ludique** dont nous espérons qu'elle favorisera la mise au travail et fera de l'apprentissage un plaisir.

Les auteurs

sommaire

→ Fiches Méthodes

1. Utiliser le dictionnaire 6
2. Comprendre les consignes 8

→ Fiches Thèmes

■ Contes traditionnels et textes antiques

3. Le merveilleux dans les contes traditionnels 10
4. La flore et la faune des contes africains 12
5. Les dieux de l'Antiquité gréco-romaine 14
6. La métamorphose chez Ovide 16
7. Le héros épique : Ulysse, Énée, Gilgamesh 18
8. La Bible et les religions 20

ÉVALUATION ET JEU N° 1 **74**

■ Récits, fables et poèmes animaliers

9. Le chien 22
10. Le chat 24
11. Le loup 26
12. Les oiseaux 28

ÉVALUATION ET JEU N° 2 **75**

■ Activités humaines

13. Les cinq sens 30
14. Les émotions 32
15. L'exercice d'un métier 34
16. Les activités sportives 36

ÉVALUATION ET JEUX N° 3 **76**

Espaces naturels et citadins

17. L'espace et le temps 38
18. Les saisons 40
19. Les paysages 42
20. La mer 44
21. La ville 46

ÉVALUATION ET JEUX N° 4 77

Arts et culture

22. L'art grec 48
23. L'univers du livre et de la lecture 50
24. La musique 52

ÉVALUATION ET JEUX N° 5 78

➜ Fiches Notions

25. L'origine des mots 54
26. Les familles de mots, les préfixes 56
27. Les suffixes 58
28. Les mots composés, les sigles et les abréviations 60
29. Les homonymes et les paronymes 62
30. Les synonymes, les antonymes et les niveaux de langue 64
31. Le champ lexical 66
32. Le sens des mots 68
33. La comparaison, la métaphore, la périphrase 70
34. Les jeux sur les sons en poésie 72

ÉVALUATION ET JEU N° 6 79

➜ Évaluations et jeux

6 évaluations et jeux .... 74 à 79

fiche MÉTHODE 1
→ Utiliser le dictionnaire

J'observe

Lisez cet article de dictionnaire et répondez aux questions.

FABLE [fabl] n. f. **I** VX Sujet de récit. ◆ MOD. loc. *Être la fable de*, un sujet de conversation, de moquerie pour. *Il est la fable du quartier.* → **risée**. **II 1.** LITTÉR. Récit de fiction exprimant une vérité générale. → **conte, fiction, légende, mythe. 2.** Petit récit en vers ou en prose, destiné à illustrer un précepte, une morale. → **apologue**. ☛ dossier Littérature p. 25. *Les Fables d'Ésope, de La Fontaine.* **3.** LITTÉR. Mensonge élaboré. → **fabulation**.
ÉTYM. latin *fabula* « récit », de *fari* « parler ».

Robert Collège 2008.

1. Associez chacun des numéros en bleu à l'explication qui lui correspond :
   a. entrée.
   b. genre du mot.
   c. numéros en chiffres romains correspondant à des regroupements de sens.
   d. numéros annonçant différents sens du mot.
   e. exemple.
   f. prononciation en alphabet phonétique international.
   g. renvoi à des mots synonymes, à des mots de sens proche ou à des mots de la même famille.
   h. classe grammaticale.
   i. étymologie.
2. Quel est le sens des abréviations utilisées dans la définition du mot *fable* : MOD., VX, loc., LITTÉR., n. f. ?

Je retiens

▶ Un **dictionnaire** est un recueil de mots rangés par **ordre alphabétique** et suivis de leur **définition**.

▶ Chaque mot constitue l'**entrée** d'un **article**. L'article apporte de nombreuses informations sur le mot : sa prononciation, sa classe grammaticale, son origine (= étymologie → Fiche NOTION 25, p. 54), ses différents sens…

▶ Un article comporte des **abréviations**, dont le sens est précisé dans les premières pages du dictionnaire.

▶ Le premier et le dernier mot définis dans une double page s'appellent les **mots repères**. Ils sont repris en haut ou en bas des pages.

▶ Pour trouver un mot dans le dictionnaire, il faut bien maîtriser l'**alphabet** et se servir des mots repères.

▶ Pour trouver le sens d'un mot, il faut tenir compte du texte dans lequel il se trouve (**contexte**).
EX : le mot *bouton* peut renvoyer à une fleur (*une rose en bouton*), à un vêtement (*le bouton d'une chemise*), à une inflammation de la peau (*un bouton de fièvre*).

Méthodes

Je m'entraîne

EXERCICE 1
Les différents dictionnaires

Qu'est-ce qu'un dictionnaire encyclopédique ? un dictionnaire de rimes ? un dictionnaire étymologique ? un dictionnaire des synonymes ? un dictionnaire bilingue ?

EXERCICE 2
Le dictionnaire en plusieurs volumes

Vous possédez un dictionnaire en six volumes. Sur le dos de chaque volume, vous lisez :
Vol. 1 : **A-Ch**, Vol. 2 : **Ci-Em**, Vol. 3 : **En-Im**, Vol. 4 : **In-Or**, Vol. 5 : **Os- Ra**, Vol. 6 : **Re-Z**.
Dans quel volume allez-vous trouver chacun des mots suivants ?
a. substance. **b.** maigre. **c.** domino. **d.** brimer. **e.** harpe. **f.** puits.

EXERCICE 3
Le classement alphabétique

1. Soulignez la deuxième lettre de chacun de ces mots, puis rangez-les par ordre alphabétique.
conte, cure, clef, cri, chaîne, carte, cire.
2. Soulignez la troisième lettre de chacun de ces mots, puis rangez-les par ordre alphabétique.
correct, colorier, côte, copier, coiffer, couleur, conte.

EXERCICE 4
Les mots repères

1. Vous ouvrez votre dictionnaire sur la double page portant les mots repères ESPRIT et ESSUYER. Trouverez-vous les mots *essence*, *exemplaire* et *entrechat* :
a. sur cette double page ? **b.** sur une page précédente ? **c.** sur une page suivante ?
2. Justifiez votre réponse.

EXERCICE 5
Les abréviations

Cherchez dans les premières pages d'un dictionnaire le sens des abréviations suivantes :
a. n. m. **b.** inf. **c.** fig. **d.** adj. **e.** invar. *ou* inv. **f.** fam. **g.** v. **h.** étym. **i.** syn. **j.** prép.

EXERCICE 6
Définir selon le contexte

Cherchez les mots en gras dans le dictionnaire. Appuyez-vous sur le contexte pour choisir la bonne définition du mot.
a. Je me suis fait piquer par un **cousin**. **b.** J'ai pêché un **loup**. **c.** Mon parapluie n'a plus de **baleines**. **d.** Ma sœur est petit **rat** à l'Opéra. **e.** Regarde : la **grue** s'envole ! **f.** J'adore la **romaine** avec de la vinaigrette.

EXERCICE 7
Les sens d'un mot

Cherchez le mot *cour* dans un dictionnaire. Combien de groupements de sens comporte-t-il ? Combien de sens différents comporte-t-il en tout ?
Écrivez d'autres exemples qui illustreront trois des définitions.

J'écris

EXERCICE 8
Imaginer une définition

Imaginez une définition fantaisiste pour chacun de ces mots. Vous vérifierez ensuite ce qu'ils veulent vraiment dire !
a. pizzicato (**n. m.**). **b.** rococo (**adj.**). **c.** guillocher (**v.**). **d.** bobèche (**n. f.**).

EXERCICE 9
Écrire une phrase alphabétique

Écrivez une phrase comportant au moins cinq mots dont les initiales se suivent dans l'ordre alphabétique. Vous pouvez commencer par la lettre que vous voulez.
EX : *À bientôt ! cria Damien en filant.*

fiche MÉTHODE 2
Comprendre les consignes

J'observe

Lisez les consignes (sans y répondre), puis répondez aux questions.

1) Relevez les verbes conjugués. Vous identifierez leur temps et vous donnerez leur infinitif.
2) Comment appelle-t-on les vers de ce poème ? Appuyez-vous sur le décompte des syllabes.
3) Reproduire le schéma et le compléter.
4) Un stylo coûte 1 €. Le libraire vous accorde une remise de 15 %. Combien paierez-vous ce stylo ?
5) Les libellules pondent-elles des œufs ?

1. Identifiez le mode et le temps des verbes en couleur.
2. Quelles consignes se présentent sous forme de questions ? Laquelle appelle une réponse par oui ou par non ? Lesquelles appellent une réponse précise ?
3. Quelle consigne comporte des données (des informations) ?
4. Quelle consigne est accompagnée d'une aide ?
5. Quelles consignes imposent plusieurs tâches à accomplir ?

Je retiens

► Une **consigne scolaire** incite à réaliser un travail précis. Elle peut se présenter sous la forme :
– d'une **injonction** (ou ordre) : le verbe est à l'impératif, à l'indicatif futur, à l'infinitif,
EX : *Comparez... Vous calculerez... Recopier...*
– d'une **question** qui sous-entend toujours **une tâche** à faire,
EX : *Combien de... ? Comment s'appelle... ? Quel est le prix de... ?*

► Il faut lire la consigne entièrement pour y distinguer les **données** (information, explication, aide, exemple) et la **tâche** à effectuer.

► **Attention !** Certaines consignes imposent des tâches multiples.
EX : *Relevez les verbes. Mettez-les à l'infinitif.*
→ 2 tâches.

► Pour répondre à une consigne, il faut toujours **rédiger la réponse**, c'est-à-dire la présenter sous la forme d'une phrase qui reprend les termes de la consigne.
EX : *Qui le Petit Prince rencontre-t-il ?* → Le Petit Prince rencontre le Renard. *Combien ont coûté les 5 stylos ?* → Les 5 stylos ont coûté 4,25 €.

Méthodes

Je m'entraîne

EXERCICE 1
Les tâches à accomplir

Reliez chaque consigne de la série 1 à la tâche à accomplir de la série 2.
Attention, une consigne comporte deux tâches à accomplir.

Série 1 :
a. Pourquoi le lait est-il un aliment complet ?
b. D'après le document 1, dites quel était l'armement du légionnaire romain.
c. Justifiez votre réponse en citant des mots du texte.
d. Les phrases du texte ont été mélangées. Remettez-les dans l'ordre.
e. Racontez votre rentrée.
f. Reliez le point A au point B.

Série 2 :
1. Repérer des informations dans un document.
2. Retrouver le texte d'origine.
3. Écrire un texte.
4. Apporter des preuves.
5. Effectuer un tracé.
6. Fournir une explication.

EXERCICE 2
Exprimer l'ordre

Recopiez le verbe utilisé dans chacune des consignes.
Identifiez son mode, son temps et sa personne.
a. Calculer la distance parcourue. b. Complétez les phrases suivantes avec *he* ou *him*. c. Vous écrivez une lettre au Petit Prince. d. Vous remplacerez les mots soulignés par des synonymes. e. Construis le triangle ABC.

EXERCICE 3
D'une discipline à l'autre

Retrouvez la discipline dans laquelle chacune des consignes suivantes a pu être donnée. Appuyez-vous sur des termes précis.
a. Indiquez la fonction grammaticale du mot *consigne*.
b. Indiquez à quel type de paysage correspond chaque photographie.
c. Complétez le tableau à double entrée dans lequel vous placerez les mammifères et leur mode d'alimentation.
d. Complétez les phrases avec *is* ou *are*.
e. En vous aidant de la frise chronologique, calculez la durée de l'Empire romain.
f. Calculez le montant total des achats effectués par Pierre.

J'écris

EXERCICE 4
Formuler des consignes

Formulez les consignes correspondant à ces réponses.
a. Le hêtre sur la première photo est plus âgé car il a plus de cernes. b. Un oued est une rivière temporaire des régions sèches. c. Parle, parlons, parlez. d. Il prit alors sa flûte et appela la sirène qui était au fond de l'eau.

EXERCICE 5
Créer des consignes

Inventez trois consignes possibles portant sur le texte suivant. L'une devra être rédigée sous la forme d'une injonction, les deux autres sous forme de questions.

Les Grecs sont polythéistes. Ils croient en l'existence de nombreux dieux qui ont des corps, des sentiments et des défauts humains (doc. 2 et 4) ; mais à la différence des hommes, les dieux sont immortels, peuvent transformer leur apparence et dominent les éléments naturels ; ils demeurent sur le mont Olympe.

Histoire Géographie 6e (2004), sous la direction de Martin Ivernel © éd. Hatier, p. 70.

fiche THÈME 3
Le merveilleux dans les contes traditionnels

J'observe

Lisez le texte et répondez aux questions.

Une femme désire avoir un enfant. Elle va demander de l'aide à une vieille sorcière...

« Ce n'est pas bien difficile, répondit la sorcière ; voici un grain d'orge qui n'est pas de la nature de celle qui croît[1] dans les champs du paysan ou que mangent les poules. Mets-le dans un pot de fleurs, et tu verras.
– Merci, dit la femme », en donnant douze sous à la sorcière. Puis elle rentra chez elle, et planta le grain d'orge.
Bientôt elle vit sortir de la terre une grande belle fleur ressemblant à une tulipe, mais encore en bouton.
« Quelle jolie fleur ! » dit la femme en déposant un baiser sur ces feuilles rouges et jaunes ; et, au même instant la fleur s'ouvrit avec un grand bruit. On voyait maintenant que c'était une vraie tulipe ; mais dans l'intérieur, sur le fond vert, était assise une toute petite fille, fine et charmante, haute d'un pouce tout au plus. Aussi on l'appela la petite Poucette.

Hans Christian Andersen, « La Petite Poucette » (1835), dans *Contes*, traduit du danois par D. Soldi, E. Grégoire, et L. Moland © éd. Flammarion.

1. *croît* : pousse.

1. Quelle demande la femme a-t-elle faite à la sorcière (relisez le chapeau en italique) ? Quelle réponse reçoit-elle ?
2. Relevez dans ce début de conte : les personnages merveilleux, l'élément magique, le phénomène surnaturel.
3. Quelle est la particularité de la petite fille ?

Le tapis magique, lithographie de Monro Scott Orr (XIXᵉ siècle), Londres.

Valise de mots

- **PERSONNAGES ET LIENS DE PARENTÉ :** roi, reine, prince, princesse ; bûcheron, paysan, pêcheur ; vieille femme ; mère, père, fille, fils, belle-fille, marâtre, belle-mère, demi-sœur, marraine, l'aîné, le cadet (qui vient après l'aîné).

- **LIEUX :** château, palais, royaume, chaumière, forêt.

- **PERSONNAGES MERVEILLEUX :** génie, fée, nain, sorcière, géant, ogre, ogresse, magicien, lutin.

- **OBJETS ET ÉLÉMENTS MAGIQUES :** baguette, anneau, clé, bottes, tapis, miroir, gant, fuseau, formule magique, maléfice, enchantement, philtre.

- **QUALITÉS ET DÉFAUTS :** beauté, honnêteté, générosité, gentillesse, politesse, reconnaissance, modestie ; égoïsme, laideur, méchanceté, orgueil, malhonnêteté, ingratitude, grossièreté.

Contes traditionnels et textes antiques

Je m'entraîne

EXERCICE 1
Les mots *charme*, *merveilleux*...

Donnez le sens des mots *merveilleux*, *charme(r)* et *charmant* dans ces expressions.
a. Aimer les contes merveilleux. **b.** Passer un moment merveilleux.
c. Charmer les serpents. **d.** Avoir du charme. **e.** Un prince charmant.
f. Le charme est rompu. **g.** Se porter comme un charme.

EXERCICE 2
Les homonymes
→ Fiche NOTION 29, p. 62

1. Remplacez les pointillés par le mot *conte*, *comte* ou *compte(s)*.
a. Tous les soirs, il fait ses .... **b.** Il ...... toujours sur moi.
c. Monsieur le ...... est sorti. **d.** Quel est ton ...... préféré ?

2. Remplacez les pointillés par le mot *philtre* ou *filtre*.
a. Un ...... est un breuvage magique. **b.** Je n'ai plus de ...... à café.

EXERCICE 3
Le sens des expressions

Cherchez le sens des expressions suivantes.
a. Avoir des doigts de fée. **b.** Une idée de génie. **c.** Ce n'est pas très sorcier de faire ce devoir. **d.** Avoir un appétit d'ogre.

EXERCICE 4
Les suffixes
→ Fiche NOTION 27, p. 58

1. Complétez avec le mot féminin qui convient. Quel suffixe avez-vous utilisé ?
a. L'épouse de l'ogre est une .... **b.** Une femme qui trahit est une tr...... .
c. Une voix qui enchante est une voix ....

2. Qu'est-ce qu'une *marâtre* ? Identifiez le suffixe. Quel sens donne-t-il au mot ?

EXERCICE 5
Les pouvoirs magiques

Choisissez cinq objets de la valise de mots et attribuez-leur un pouvoir magique. Inspirez-vous des constructions suivantes : *un anneau d'......* (complément du nom) ; *un tapis ......* (adjectif) ; *un miroir qui ......* (proposition).

EXERCICE 6
Qualités et défauts

1. Donnez les adjectifs correspondant aux qualités et défauts cités dans la valise de mots.
EX : *beauté* → *beau*.

2. Classez les qualités et défauts cités dans la valise de mots par couple de deux : à chaque qualité doit correspondre un défaut. Présentez votre réponse en colonnes.

J'écris

Pour rédiger, vous pouvez utiliser des mots de la valise.

EXERCICE 7
Expression minute

Faites un concours : écrivez un passage de conte (cinq ou six lignes) dans lequel vous utiliserez le maximum de mots de la valise.
Attention ! Votre texte doit être absolument cohérent !

EXERCICE 8
Raconter une naissance magique

La sorcière du conte d'Andersen trouve un autre moyen magique de faire naître la petite fille. Imaginez-le en quelques lignes.
Conseil : commencez par rapporter les paroles de la sorcière qui donne des explications.

EXERCICE 9
Raconter un souhait

Vous vous trouvez en possession d'un objet magique qui vous donne la possibilité de réaliser trois souhaits touchant à votre vie quotidienne. De quel objet s'agit-il ? Dans quelles circonstances l'avez-vous obtenu ? Comment allez-vous l'utiliser ?

fiche THÈME 4
La flore et la faune des contes africains

J'observe

Lisez le texte et répondez aux questions.

Leuk-le-lièvre part à la rencontre de Serigne N'Diamala-la-girafe.

1 Très haute sur pattes, le cou démesurément long, Serigne N'Diamala-la-girafe vit en solitaire. Ce qu'il lui faut, c'est la belle savane infinie, semée d'îlots de verdure et d'oasis tranquilles. Ses longues pattes lui permettent de faire de grandes enjambées, qui la font aller et revenir, sans fatigue,
5 des lieux où elle se repose aux endroits où elle prend sa nourriture et sa boisson.

Levée avec les premiers rayons du jour, elle allonge son cou dans le brouillard et boit la fraîcheur du matin. Puis, lentement, elle fait sa promenade quotidienne à travers les bosquets, dont les arbres ont de jeunes
10 feuilles tendres et appétissantes. Du bout de ses lèvres très mobiles, elle cueille ces feuilles délicieuses. Elle respire le parfum des fleurs nouvellement écloses.

Léopold Sédar Senghor et Abdoulaye Sadji, *La Belle histoire de Leuk-le-lièvre*
© Librairie Hachette, 1953.

1. Relevez les termes qui désignent les éléments du paysage.
2. Quelles sont les expressions qui caractérisent la girafe ?
3. Quelles sont ses actions quotidiennes ? Appuyez-vous sur les verbes.

Valise de mots

Expressions tirées des contes de Senghor, Diop, Bâ.

- **FLORE DES RÉGIONS TROPICALES :** brousse (= étendue couverte de buissons et petits arbres), savane (= prairie de hautes herbes avec quelques arbres) ; herbes sèches grillées par le soleil, buisson d'épineux, liane, baobab, tamarinier, figuier, palmier, jujubier, caïlcédrat, fromager, arbre des palabres (= arbre sous lequel on se réunit pour discuter) ; champs de riz et de mil, îlot de verdure, oasis, marigot (= trou d'eau morte), berges ensoleillées du fleuve.

- **QUELQUES ANIMAUX** *(dans Leuk-le-lièvre et autres contes)* : Gaïndé-le-lion, Golo-le-singe, Sègue-le-léopard, Bouki-l'hyène, Téné-la-panthère, N'Gouri-la-guêpe, War-Warane-le-mille-pattes, N'Diamala-la-girafe, Sallyr-le-grillon, N'Diombor-le-lapin, Mame-Gnèye-l'éléphant, Mor Makh-le-termite, M'Bill-la-biche, Till-le-chacal, N'Gâga-la-baleine, Yeuk-le-taureau, Diargogne-l'araignée, M'Bonate-la-tortue, Ngirja-le-petit-Phacochère, Diassigue-le-caïman, Béye-la-chèvre, Djanne-le-serpent, Thioye-le-Perroquet, M'Bélar-l'hirondelle, le Lézard, l'Âne.

- **CARACTÉRISATIONS :** le lion roi de la brousse, l'hyène curieuse et malveillante, le caïman grand maître des eaux, la tortue prudente et sage, le lièvre rusé et intelligent, le perroquet crieur public des oiseaux.

Contes traditionnels et textes antiques

Je m'entraîne

EXERCICE 1
La faune

1. Relevez parmi les animaux de la valise de mots : un animal domestique, quatre animaux sauvages, deux oiseaux, deux insectes, un mammifère marin, deux reptiles, un arachnide.
2. Relevez parmi les animaux de la valise de mots : un carnivore, un rongeur, un ongulé.

EXERCICE 2
La flore

Relevez dans la valise de mots les noms d'arbres et cherchez leur définition.

EXERCICE 3
Caractériser un animal

Caractérisez chaque animal de la liste 1 à l'aide d'une expression de la liste 2.
Liste 1 : panthère, lièvre, lézard, lion, caïman, chèvre.
Liste 2 : crinière épaisse, petite barbe, mâchoires redoutables, longues oreilles, pelage tacheté, langue fourchue.

EXERCICE 4
Les cris des animaux

1. De quel animal de la valise de mots s'agit-il ?
a. Je brais, je suis .... b. Je brame, je suis .... c. Je feule, je suis ....
d. Je stridule, je suis .... e. Je beugle ou je meugle, je suis ....
f. Je rugis, je suis .... g. Je barris, je suis .... h. Je bourdonne, je suis ....

2. Donnez le nom correspondant à chacun des cris.

EXERCICE 5
Les petits des animaux

Comment s'appelle le petit de la girafe ? de l'éléphant ? de la chèvre ? de la cigogne ? du lièvre ? de la biche ? de l'âne ?

EXERCICE 6
Les antonymes
→ Fiche NOTION 30, p. 64

En quoi les animaux cités s'opposent-ils ? Appuyez-vous sur un relevé de termes.

- En effet, dit Leuk, Oncle Gaïndé-le-lion, Téné-la-panthère et Sègue-le-léopard, animaux carnassiers, sont des bêtes sanguinaires et méchantes ; tandis que vous, Serigne N'Diamala, vous avez le caractère doux et pacifique comme les animaux domestiques qui se nourrissent d'herbe : bœufs, vaches, moutons, chèvres.

L. S. Senghor et A. Sadji, *La Belle histoire de Leuk-le-lièvre* © Librairie Hachette, 1953.

J'écris

Pour rédiger, vous pouvez utiliser des mots de la valise.

EXERCICE 7
Présenter des animaux

Présentez quatre animaux de la savane choisis dans la valise de mots et caractérisez-les à l'aide de deux adjectifs :
EX : *Till-le-chacal* **rapide et cruel**.

ou à l'aide d'une expansion du nom introduite par *à*, *aux* ou *avec* :
EX : *Un écureuil* **à la queue empanachée** ; *Leuk le lièvre,* **avec ses belles oreilles mobiles et son petit air éveillé**...

EXERCICE 8
Raconter une rencontre dans la brousse

Leuk-le-lièvre poursuit son chemin dans la brousse et rencontre un autre animal. Écrivez un texte sur le modèle du texte d'observation.
Conseils :
- décrivez le paysage traversé ;
- caractérisez l'animal rencontré.

fiche THÈME 5

Les dieux de l'Antiquité gréco-romaine

J'observe

Lisez le texte et répondez aux questions.

Maître du Ciel, Zeus est le souverain des dieux. [...] Il était fils du Titan Cronos qui avait épousé sa sœur Rhéa. Cronos s'était rendu maître de l'univers en détrônant son propre père, Ouranos, et craignait fort que ses enfants n'agissent de même. Aussi mit-il au point une solution radicale pour éviter d'être renversé à son tour : il avalait ses enfants dès leur naissance ! Il avait ainsi dévoré Hestia, Déméter, Héra, Hadès et Poséidon. Quand Rhéa attendit son sixième enfant, elle en eut assez et décida de le garder : c'était Zeus. Elle partit accoucher en Crète, sur le mont Ida, et confia le bébé à sa propre mère Gaia. Puis elle donna à Cronos une pierre enveloppée de langes[1], que le père avala sans sourciller.

Odile Gandon, *Dieux et héros de l'Antiquité* (2005) © éd. Hachette Jeunesse.

1. *langes* : tissu qui sert à envelopper un bébé.

1. **a.** Qui est Zeus ? De qui est-il le fils ?
   b. Qui sont ses grands-parents ? Qui sont ses frères et sœurs ?
2. Pourquoi Cronos avalait-il ses enfants ?
3. Quelle ruse sa mère a-t-elle mise au point pour sauver Zeus ?

Valise de mots

● **LES PRINCIPAUX DIEUX**

Nom grec	Nom latin	Fonctions	Attributs (objet, animal...)
Zeus	Jupiter	Dieu du ciel, maître des dieux	le foudre[1], l'aigle
Héra	Junon	Épouse de Jupiter, déesse des femmes, du mariage, de la fécondité	le paon
Poséidon	Neptune	Dieu de la mer	le trident
Hadès	Pluton	Dieu des Enfers	la corne d'abondance, le casque d'invisibilité
Hestia	Vesta	Déesse du foyer	la flamme du foyer
Déméter	Cérès	Déesse des moissons et de la terre	la faucille, l'épi
Arès	Mars	Dieu de la guerre	le casque, le vautour
Aphrodite	Vénus	Déesse de la beauté, de l'amour	la colombe
Athéna	Minerve	Déesse de la sagesse, de la guerre	l'égide, l'olivier, la chouette
Hermès	Mercure	Messager des dieux, dieu des voyageurs	le caducée, les sandales ailées
Dionysos	Bacchus	Dieu de la vigne, du vin	la grappe de raisin
Héphaïstos	Vulcain	Dieu des forgerons, du feu	l'enclume, le marteau
Artémis	Diane	Déesse de la lune, de la chasse	la biche, l'arc
Apollon	Phébus	Dieu de la musique, de la poésie	le laurier, la lyre, l'arc

1. *le foudre* : nom au masculin quand il désigne l'attribut de Jupiter (faisceau d'éclairs).

Contes traditionnels et textes antiques

Je m'entraîne

EXERCICE 1
Le partage du monde

D'après la mythologie grecque, le monde a été partagé en trois parts : celle de Zeus, celle de Poséidon, celle d'Hadès. Quel est le royaume de chacun ? Aidez-vous de la valise de mots.

EXERCICE 2
Les attributs des dieux

1. Cherchez ce que sont l'égide d'Athéna, l'enclume (associée au marteau) d'Héphaïstos, le caducée d'Hermès.

Athéna tenant sa lance et son bouclier, pièce en argent (IVᵉ siècle av. J.-C.).

2. Où voit-on des caducées aujourd'hui ?

3. Cherchez ce qu'est la corne d'abondance. D'où vient cette expression (reportez-vous à l'histoire de la chèvre Amalthée) ? Pourquoi Hadès tient-il une corne d'abondance (pensez au nom latin d'Hadès qui signifie « riche ») ?

EXERCICE 3
Qui suis-je ?

Cherchez qui je suis en vous aidant de la valise de mots.
a. Je suis le fils d'Héra et de Zeus, le redouté dieu de la guerre. b. Je suis née, tout armée, du crâne de Zeus : je suis la déesse guerrière de l'intelligence.
c. Mes attributs sont l'arc, le laurier, la lyre, je suis le dieu de la poésie.
d. Mon animal préféré est le paon, je suis la déesse des mariages. e. Je suis le messager des dieux, je porte un caducée. f. Je peux d'un coup de trident provoquer des tempêtes et des tremblements de terre. g. Je suis la sœur jumelle d'Apollon. h. Je suis la plus belle des déesses, je suis née de l'écume de la mer.

EXERCICE 4
Dieux et mortels

1. Quelle déesse protège Ulysse ? Quel dieu s'oppose à lui ? pour quelle raison ?
2. Quelle déesse protège Énée et les Troyens ? Quelle déesse s'oppose à eux ? pourquoi ? Pensez à l'histoire du jugement de Pâris.

EXERCICE 5
La vie des dieux

1. Dans quel lieu les dieux habitent-ils ?
2. Quelles sont leur nourriture et leur boisson ?

EXERCICE 6
Les expressions

1. Donnez le sens des expressions suivantes.
a. Être un apollon. b. Se croire sorti de la cuisse de Jupiter.
c. Se mettre sous l'égide de quelqu'un.

2. Cherchez le sens des mots ou expressions suivants et retrouvez leur origine.
a. une vénus. b. le mercure. c. un volcan. d. les céréales. e. les arts martiaux.
f. un calme olympien. g. un rire jovial.

EXERCICE 7
Les jours de la semaine

Les noms des jours de la semaine, du lundi au vendredi, sont composés d'un nom de dieu (ou déesse) suivi du suffixe *-di* (issu du latin *dies* qui signifie « jour »).
1. Trouvez dans le dictionnaire la divinité à laquelle est consacré chaque jour, du lundi au vendredi.
2. Cherchez ensuite d'où viennent les mots samedi et dimanche.

J'écris

[B2i]
EXERCICE 8
Raconter l'histoire d'un dieu

Choisissez un des dieux cités dans la valise de mots et recherchez son histoire que vous résumerez avec vos propres mots.
Vous pouvez utiliser le site www.mythologica.fr/grec.

fiche THÈME 6

La métamorphose chez Ovide

J'observe

Lisez le texte et répondez aux questions.

Des marins s'apprêtaient à vendre comme esclave un enfant qu'ils avaient pris à leur bord. Or, cet enfant n'est autre que le dieu Dionysos ; pour les punir, il leur fait subir une métamorphose.

Les marins épouvantés, bondissent de leurs bancs. Le premier, Médon, devient noir et son dos se courbe. « Quel monstre tu es ! » s'écrie Lycabas, et pendant qu'il parle, sa bouche s'élargit, ses narines s'évasent[1], sa peau se durcit, se couvre d'écailles. Libys, en essayant de retourner une rame, voit rétrécir ses mains : ce ne sont plus des mains, mais des nageoires. Son camarade, en s'acharnant sur un cordage enlacé par le lierre, perd ses bras et, d'un bond en arrière, saute à la mer. Il agite sa queue en forme de faucille[2].
Les voici tous les vingt dans l'eau, les marins devenus dauphins.

16 métamorphoses d'Ovide (2 à 8 après J.-C.), traduit et adapté du latin par Françoise Rachmühl
© éd. Castor Poche Flammarion, 2003.

1. *s'évasent* : s'élargissent.
2. *faucille* : instrument pour couper l'herbe, fait d'une lame d'acier en demi-cercle fixée à un manche en bois.

1. Qui se métamorphose en quoi ?
2. Faites la liste des éléments du corps qui sont métamorphosés. Notez en face les transformations subies.
3. Quel élément du corps disparaît complètement ?
4. Relevez une expression qui exprime un changement de couleur, un verbe qui exprime un changement de forme, un verbe qui exprime un changement de consistance.

Dédale et Icare, gravure sur bois colorée (détail), XVe siècle (collection privée).

Valise de mots

- **CHANGEMENT D'ÉTAT :** se transformer, se changer en, se muer, remplacer, devenir.

- **APPARITION OU DISPARITION D'UN ÉLÉMENT :** perdre, disparaître, pousser, croître, apparaître.

- **CHANGEMENT DE TAILLE, DE GROSSEUR, DE FORME :** (se) rétrécir, s'amincir, diminuer, rapetisser, grandir, s'allonger, s'élargir ou s'évaser, enfler, se distendre, se courber.

- **CHANGEMENT DE CONSISTANCE OU DE MATIÈRE :** durcir, devenir rigide, s'amollir, se figer, se couvrir d'écailles, de feuilles, de plumes.

- **CHANGEMENT DE COULEUR :** se colorer, blanchir, noircir, verdir.

Contes traditionnels et textes antiques

Je m'entraîne

EXERCICE 1
Les racines grecques
→ Fiche NOTION 25, p. 54

Le mot « métamorphose » vient du grec *morphê* (= « forme »), et de *meta* (= « changement »). Complétez les phrases avec les mots « morphologie », « amorphe », « polymorphe ».
a. Vous n'avez aucune énergie aujourd'hui, je vous trouve complètement ....
b. Sa ...... s'est étrangement modifiée. c. Cette matière peut prendre plusieurs formes, elle est ....

EXERCICE 2
Les racines latines
→ Fiche NOTION 25, p. 54

1. a. Trouvez le synonyme du mot « métamorphose » formé à partir du latin *forma* (= « forme »).
b. Comment qualifie-t-on quelque chose qui n'a pas de forme ?

2. Le mot latin *mutare* signifie « changer ». Complétez la phrase suivante avec un nom issu de ce verbe latin.
Le lézard, comme le serpent, renouvelle régulièrement sa peau, ce qu'on appelle la ....

EXERCICE 3
Les changements de forme, taille, grosseur

En vous aidant de la valise de mots, cherchez les verbes qui veulent dire :
a. devenir long. b. devenir large. c. devenir gros. d. devenir maigre. e. devenir petit. f. devenir grand. g. devenir mince. h. devenir épais. i. devenir fin. j. devenir rond.

EXERCICE 4
Les changements de couleur

Trouvez les verbes qui signifient :
a. devenir rouge. b. devenir jaune. c. devenir rose. d. devenir bleu. e. devenir sombre. f. devenir clair. g. devenir pâle.

EXERCICE 5
Des expressions tirées des *Métamorphoses*

1. Donnez le sens courant des mots suivants.
a. un pactole. b. un atlas. c. un dédale. d. un narcisse. e. un écho.

2. De quel personnage ou élément géographique des *Métamorphoses* d'Ovide sont-ils issus ? Aidez-vous du dictionnaire ou faites une recherche sur Internet.

EXERCICE 6
Compléter un texte

Complétez le texte à l'aide des verbes de transformation suivants, donnés dans le désordre : *se changent, se couvre, poussent, se dressent, s'allonge, recouverte*.
   Un jour, le chasseur Actéon surprend par hasard la déesse Diane qui se baignait nue dans une source.
   La déesse, furieuse, lui jeta de l'eau à la figure. Sur sa tête ruisselante ...... alors les cornes d'un cerf, son cou ......, ses oreilles ...... en pointe, ses mains ...... en pieds, ses bras en longues jambes fines, son corps ...... d'un pelage tacheté. Actéon s'enfuit. Lorsqu'il aperçut dans l'eau sa tête ...... de bois, il pleura.

Ovide, *Métamorphoses* (2 à 8 après J.-C.), « Actéon » (extrait du livre III), traduit et adapté du latin par Hélène Potelet © éd. Hatier.

J'écris

Pour rédiger, vous pouvez utiliser des mots de la valise.

EXERCICE 7
Décrire une métamorphose

Au choix, décrivez une jeune fille transformée en oiseau ou un jeune homme transformé en âne. Racontez à la troisième personne.
Conseil :
– choisissez les parties du corps qui seront transformées.

fiche THÈME 7
Le héros épique : Ulysse, Énée, Gilgamesh

J'observe

Lisez le texte et répondez aux questions.

Ulysse, après un naufrage, arrive au palais du roi Alcinoos. Mais nul ne sait qui il est. Au cours d'un banquet, un aède (poète conteur) raconte l'histoire du cheval de Troie.

1. *machine* : le cheval.

« L'intrépide Ulysse est entré dans les flancs du cheval de bois. Et autour de lui, soutenus par son exemple, les guerriers se sont assis. Ils retiennent leur souffle, et la main sur le glaive ils attendent dans le silence et l'obscurité. Ils attendent. [...] Quelles sont alors les pensées d'Ulysse et des braves
5 enfermés avec lui et frôlés par la mort ?... » [...]

Ulysse se lève, et simplement :
– Roi, fait-il, je suis cet Ulysse qui ne craignit pas la mort sans gloire dans les flancs ténébreux d'une machine[1], lui, le guerrier ami des éclats d'acier dans le soleil et des courses dans le libre espace. Je suis cet Ulysse
10 connu par ses stratagèmes, mais aussi par sa fidélité à l'amitié, par son dévouement à la patrie.

Des cris d'étonnement éclatent de toutes parts. Chacun se presse autour du héros.

G. Chandon, *Contes et récits tirés de l'Iliade et de l'Odyssée*
© Pocket Jeunesse, département Univers poche, 2002.

1. Par quel adjectif l'aède caractérise-t-il Ulysse ?
2. Quel est le sens du nom *braves* (l. 4) ? Qui est désigné par ce nom ?
3. a. Relevez les expressions par lesquelles Ulysse se décrit. Quelles sont ses différentes qualités ?
   b. Qu'entend-il par *éclats d'acier* (l. 8-9) ?
4. Définissez le mot *héros* (l. 13).

Valise de mots

- **QUALITÉS DU HÉROS :** courageux, téméraire, intrépide, vaillant, brave, hardi, endurant, fidèle à sa parole, magnanime (= généreux), prudent, sage, ingénieux.

- **APPELLATIONS :** le pieux Énée (= respectueux des dieux et de la famille) ; le divin Ulysse, Ulysse l'inventif, l'intrépide, l'avisé, le héros d'endurance ; le bouillant Achille ; Gilgamesh le torrent furieux.

- **EXPLOITS :** accomplir des prouesses, affronter des épreuves ou une situation périlleuse, résister, user d'un stratagème, d'une ruse, tromper.

- **LE COMBAT ÉPIQUE :** défier en combat singulier, se précipiter sur son adversaire *ou* rival, bondir d'un prodigieux élan, lancer son javelot, brandir une pique, charger ses adversaires, dégainer sa hache, tirer son épée de son fourreau.

Contes traditionnels et textes antiques

Je m'entraîne

EXERCICE 1
Les mots épopée, épique

Cherchez dans le dictionnaire le sens des mots *épopée* et *épique* et répondez aux questions.
a. Qu'est-ce qu'un poème épique ? b. Quand dit-on qu'une discussion est épique ?
c. Qu'appelle-t-on un combat épique ? d. Quand dit-on qu'un voyage est une épopée ?

EXERCICE 2
La famille du mot héros
→ Fiche NOTION 26, p. 56

Complétez les pointillés pour former des mots de la famille du mot *héros*.
a. Il a accompli une action hé…… . b. Ce guerrier a fait preuve d'hé…… . c. Matilda est l'hé…… du roman.

EXERCICE 3
Le champ lexical du combat
→ Fiche NOTION 31, p. 66

Lisez l'extrait suivant et répondez aux questions.

Soudain, Gilgamesh est encerclé par un groupe de guerriers à la cuirasse grise. Il dégaine sa hache, tire l'épée de son fourreau et charge sans merci. Le bronze des armes tinte, crache des étincelles. L'air sent le silex battu. Les assaillants cèdent, tombent les uns après les autres, jusqu'au dernier.

L'Épopée de Gilgamesh (environ 1500 av. J.-C.), adaptation de Jacques Cassabois
© Le livre de poche jeunesse, 2004.

1. Qui est le héros ?
2. Relevez le champ lexical du combat.

EXERCICE 4
Les qualités du héros épique

Donnez le sens des adjectifs en gras tirés de la valise de mots et remplacez les pointillés par les noms correspondants.
a. Il est **sage**, il fait preuve de …… . b. Il est **fidèle** à sa parole, il fait preuve de …… .
c. Il est **ingénieux**, il fait preuve d'…… . d. Il est **téméraire**, il fait preuve de …… .
e. Il est **prudent**, il fait preuve de …… .

EXERCICE 5
La peur, le courage

Remplacez les pointillés par les adjectifs suivants dont vous donnerez le sens : *invincible*, *intrépide*, *lâche*.
a. Il prend trop de risques, il est …… . b. Il recule facilement devant le danger, il est …… . c. On ne peut pas le vaincre, il est …… .

EXERCICE 6
La démesure

L'épopée met en scène des personnages et des actions extraordinaires. Remplacez les groupes nominaux en gras par un adjectif.
a. un travail **de cyclope** → un travail cy…… . b. une force **de titan** → une force ti…… .
c. une taille **de géant** → une taille gi…… .

EXERCICE 7
Le combat épique

Remplacez les pointillés par les expressions suivantes : *brandit*, *se planter*, *face contre terre*, *atteignit*, *détourna*, *s'élança*.
a. Le prétendant Antinoos …… sur Ulysse. b. Il …… sa pique. c. Mais Athéna …… la pique qui alla …… dans le mur. d. Ulysse …… son adversaire qui tomba …… .

J'écris

Pour rédiger, vous pouvez utiliser des mots de la valise.

EXERCICE 8
Raconter un combat épique

Racontez en quelques phrases un combat entre Ulysse et un monstre ou entre Gilgamesh et un monstre.
Conseils :
– choisissez le monstre ;
– mettez en avant les qualités d'Ulysse ou de Gilgamesh ;
– aidez-vous du vocabulaire de la valise et de l'exercice 7.

19

fiche THÈME 8
La Bible et les religions

J'observe

Lisez le texte et répondez aux questions.

1. Mais ce que j'aime vraiment beaucoup, c'est l'histoire sainte[1]. C'est un gros livre relié de cuir rouge sombre, un vieux livre qui porte sur sa couverture un soleil d'or d'où jaillissent douze rayons. [...]
Mam nous lit les histoires de l'Écriture sainte[1], la tour de Babel, cette
5. ville dont la tour allait jusqu'au ciel. Le sacrifice d'Abraham, ou bien l'histoire de Jacob vendu par ses frères. Cela se passait en l'an 2876 avant Jésus-Christ, douze ans avant la mort d'Isaac. Je me souviens bien de cette date. J'aime aussi beaucoup l'histoire de Moïse sauvé des eaux. Laure et moi demandons souvent à Mam de nous la lire.

J. M. G. Le Clézio, *Le Chercheur d'or* (1985) © éd. Gallimard.

1. *histoire sainte, Écriture sainte* : la Bible.

1. De quel ouvrage sont tirées les histoires que lit Mam ? Relevez les expressions qui caractérisent cet ouvrage.
2. Quelles sont les histoires que préfère le narrateur ? Recherchez et lisez celles que vous ne connaissez pas.

Valise de mots

● **PRINCIPALES RELIGIONS MONOTHÉISTES (= UN SEUL DIEU)**

Religion	Le judaïsme	Le catholicisme	Le protestantisme	L'islam
Nom des pratiquants	Les juifs	Les catholiques	Les protestants	Les musulmans
Le livre sacré	La Bible (Torah : partie de l'Ancien Testament)	La Bible (Ancien et Nouveau Testament)	La Bible (Ancien et Nouveau Testament)	Le Coran
Le lieu de culte	La synagogue	L'église	Le temple	La mosquée
Le guide (chef de prière)	Le rabbin, le grand rabbin	Le prêtre, le pape	Le pasteur	L'imam
Quelques fêtes	Yom Kippour, Pessah	Noël, Pâques	Noël, Pâques	Aïd al-Fitr, Aïd al-Kébir

● **PERSONNAGES DE L'ANCIEN TESTAMENT (BIBLE) :** Adam, Ève, Caïn et Abel, Noé, Abraham, Isaac, Jacob, Joseph, Moïse, Samuel, David, Salomon, Élie, Jérémie, Jonas, Daniel.

● **LES QUATRE ÉVANGÉLISTES (BIBLE : NOUVEAU TESTAMENT) :** Jean, Luc, Matthieu, Marc.

● **PERSONNAGES DU CORAN :** Ibrahim, Mohammed (appelé « Le Prophète »).

Contes traditionnels et textes antiques

Je m'entraîne

EXERCICE 1
Les fêtes

Reprenez les fêtes citées dans la valise de mots. Cherchez quel événement est célébré au cours de chacune d'elles.

EXERCICE 2
La racine grecque *théo*
→ Fiche NOTION 25, p. 54

Voici plusieurs mots formés à partir de la racine grecque *théo* qui signifie « dieu ». Donnez le sens de ces mots en vous aidant du sens des préfixes : *monos-* (= « seul »), *pan-* (= « tout »), *a-* (= « sans »), *poly-* (= « plusieurs »).
a. monothéisme. **b.** panthéon. **c.** athée. **d.** polythéisme.

EXERCICE 3
Le mot « déluge »
→ Fiche NOTION 26, p. 56

1. Que signifie le mot « antédiluvien » dans l'expression « animaux antédiluviens » ? Quel est le préfixe de ce mot ? Quel est le sens de ce préfixe ?
2. Donnez le sens des expressions suivantes.
a. Remonter au déluge. **b.** Après moi le déluge. **c.** Des pluies diluviennes.
d. Un déluge de paroles.

EXERCICE 4
Le Nouveau Testament

Répondez aux questions suivantes.
a. Qu'est-ce que la Nativité ? **b.** Qui sont les rois mages ?
c. Qu'est-ce que la Cène ? **d.** Qu'est-ce que la Crucifixion ?

EXERCICE 5
Les expressions bibliques

1. Cherchez le sens des expressions suivantes. Aidez-vous du dictionnaire.
2. Cherchez sur Internet à quel épisode biblique chacune d'elles fait référence.
a. C'est un calvaire. **b.** Cet endroit est un véritable Éden. **c.** Faire son chemin de croix. **d.** Manger le fruit défendu. **e.** La colombe de la paix. **f.** Donner un baiser de Judas. **g.** C'est David contre Goliath. **h.** Pleurer comme une Madeleine.
i. Rendre un jugement de Salomon.

EXERCICE 6
L'origine des prénoms

1. Classez les prénoms selon qu'ils trouvent leur origine dans l'Ancien Testament ou dans le Nouveau Testament. Aidez-vous de la valise de mots.
a. Luc. **b.** Deborah. **c.** Léa. **d.** Jean-Baptiste. **e.** Matthieu. **f.** Sarah. **g.** Jonas.
h. David. **i.** Jacques. **j.** Anne. **k.** Pierre. **l.** Thomas. **m.** Samuel. **n.** Jérémie.

2. Retrouvez et résumez l'épisode dans lequel apparaît l'un de ces prénoms (à votre choix).

EXERCICE 7
Le respect des croyances

1. Cherchez la définition de la tolérance.
2. Qu'est-ce que la laïcité à l'école ?
3. Que signifie le mot « ostensible » dans l'expression *la manifestation ostensible d'une appartenance religieuse* ?

Noé envoie une colombe après le Déluge (détail), mosaïque (XIIIe siècle).

J'écris

EXERCICE 8
Raconter un épisode biblique

Recherchez et lisez l'histoire de Noé et du déluge ou l'histoire de la tour de Babel. Puis racontez avec vos propres mots un de ces deux épisodes.

ÉVALUATION ET JEU 1 ▶ p. 74

fiche THÈME 9
Le chien

J'observe

Lisez le texte et répondez aux questions.

La rencontre avec Le Hyéneux, chien terrifiant...

Deux yeux jaunes, d'abord. Jaunes, fixes et flamboyants. Une forte gueule ensuite, noire, tordue dans un sourire cruel, d'où jaillissaient deux crocs, puissants comme des crochets de boucherie. Un toupet[1] de poils hirsutes[2] sur le sommet du crâne. Une fourrure sauvage, d'un jaune sale strié de noir. Et surtout, plus impressionnant que tout le reste, deux pattes de devant beaucoup plus hautes et plus musclées que les pattes de derrière et qui encadraient un poitrail[3] formidable.

Daniel Pennac, *Cabot-Caboche* (1982) © éd. Nathan.

1. *toupet* : touffe.
2. *hirsutes* : en désordre.
3. *poitrail* : devant du corps, sous le cou, entre les pattes avant.

1. Relevez les noms qui désignent les parties du corps du chien.
2. Quels adjectifs et quelle comparaison amplifient l'aspect terrifiant de ce chien ?

Un golden retriever jouant avec un bâton sur une plage.

Valise de mots

- **QUELQUES RACES DE CHIEN :** berger, bouledogue, caniche, cocker, colley, dalmatien, épagneul, fox-terrier, golden retriever, lévrier, saint-bernard, setter, teckel.

- **CORPS :** museau, gueule, canines ou crocs, oreilles droites ou tombantes, nez (= truffe), queue (en balai, en trompette), chien pataud (= à grosses pattes), courtaud (= avec la queue et les oreilles coupées), gras, efflanqué (= maigre).

- **ASPECT ET QUALITÉ DU PELAGE :** poil long ou ras, frisé, rêche, luisant, sale, terne, brillant, toiletté.

- **ATTITUDES / EXPRESSION DES SENTIMENTS :** laper son écuelle, flairer, ronger un os, se mettre en arrêt, faire le beau, lécher les mains, gambader, aller le nez au vent, avoir le regard morne, éteint ; dépérir de chagrin ; avoir l'air penaud et les oreilles basses (remords), air craintif, inquiet, confiant.

- **CRIS DU CHIEN :** aboyer, gronder, hurler, japper, pleurer.

Récits, fables et poèmes animaliers

Je m'entraîne

EXERCICE 1
Des chiens qui n'en sont pas !

1. Qu'est-ce qu'un chien de fusil de chasse ? un chien de mer ? un chien-assis ? le chien d'un jeu de tarot ?
2. Illustrez le sens de chaque expression par une petite phrase.

EXERCICE 2
Le niveau de langue
→ Fiche NOTION 30, p. 64

1. Identifiez le niveau de langue (familier, courant, soutenu).
a. la gent canine. b. un toutou. c. un clébard. d. un chien.
2. Quel terme est péjoratif ? Quel terme a une valeur affective ?

EXERCICE 3
[ANGLAIS]
L'origine des mots

1. Dans la valise de mots, trouvez trois races de chiens dont le nom provient de l'anglais.
2. Cherchez l'origine du nom *canicule*.
3. Complétez avec des mots formés à partir de la même racine.
a. Les chiens appartiennent à la famille des …… .
b. Une dent pointue située entre les molaires et les incisives est une …… .

EXERCICE 4
Les paronymes
→ Fiche NOTION 29, p. 62

Remplacez les pointillés par le mot qui convient.
a. [*boxer - boxeur*] Le …… est monté sur le ring. La maison de mon voisin est gardée par un …… qui aboie souvent. b. [*épagneul - Espagnol*] Je pars à la chasse avec mon …… breton. Le tour de France 2008 a été gagné par un …… . c. [*chenil - chenal*] Pour sortir du port, ce bateau emprunte le …… . J'entends les chiens aboyer dans le …… .

EXERCICE 5
Les expressions et proverbes

Cherchez le sens des expressions suivantes.
a. Avoir un mal de chien. b. Une vie de chien. c. Traiter quelqu'un comme un chien. d. Entre chien et loup. e. Se regarder en chiens de faïence. f. Recevoir quelqu'un comme un chien dans un jeu de quilles. g. Un temps de chien. h. Les chiens aboient, la caravane passe. i. Qui veut noyer son chien l'accuse de la rage.

J'écris

Pour rédiger, vous pouvez utiliser des mots de la valise.

EXERCICE 6
Expression minute

En utilisant cinq mots de la valise, rédigez un rapide portrait du chien représenté sur la photographie de la page ci-contre.

EXERCICE 7
Décrire un chien rassurant

Décrivez en quelques lignes et de la façon la plus valorisante possible un chien qui sera tout le contraire du Hyéneux de Daniel Pennac (texte ci-contre).
Conseils pour écrire :
- utilisez quelques phrases non verbales ;
- organisez votre description : *d'abord* ; *ensuite* ; *et surtout* ; *encore*.

EXERCICE 8
Raconter une adoption

Vous visitez un chenil de la SPA (Société Protectrice des Animaux). Vous êtes tout à coup attiré(e) par un chien qui vous regarde. Finalement, vous l'emmenez avec vous : il devient votre chien. Racontez cette adoption en une vingtaine de lignes : visite du chenil, description du chien qui vous attire, retour chez vous avec ce chien.

23

fiche THÈME 10
Le chat

J'observe

Lisez le texte et répondez aux questions.

1   C'était un très beau chat, un chat noir, avec un pelage si lisse et si luisant qu'on l'aurait cru peint à la laque. Il était assis au milieu de l'allée, le dos droit, ses deux pattes avant jointes et sa longue queue ramenée soigneusement par-devant. Les moustaches raides, les oreilles dressées, il
5   me regardait venir sans bouger un cil. En m'approchant, j'ai vu qu'il était totalement noir, sans le moindre poil blanc.

Marie-Hélène Delval, *Les Chats* (1997) © éd. Bayard Jeunesse.

1. Dans quelle attitude le chat est-il décrit ?
2. a. Relevez dans la première phrase les quatre premiers adjectifs qui caractérisent le chat et son pelage.
   b. Expliquez l'expression *qu'on l'aurait cru peint à la laque* (l. 2).
3. Quels sont les éléments du corps décrits par le narrateur ?
4. Quelle impression se dégage de l'animal ?

Valise de mots

- **CORPS :** griffes rétractiles, coussinets ; yeux d'or, vert d'eau, bleu turquoise, fendus, en amande ; tête ronde, oreilles duveteuses ; museau frais, vibrisses ou moustaches ; queue droite, hérissée, en mouvement.

- **COULEUR ET QUALITÉ DU PELAGE :** blanc, gris, argenté, noir, roux, tigré, tricolore ou couleur écaille de tortue, moucheté ; à poils courts ou longs ; fourrure luisante, soyeuse, douce, terne, mitée (= abîmée).

- **ATTITUDES/EXPRESSION DES SENTIMENTS :** faire le gros dos, cracher, hérisser les poils, faire ses griffes, rentrer ou sortir ses griffes, faire patte de velours, ronronner, passer sa patte par-dessus son oreille (annonciateur de pluie), s'étirer, se prélasser au soleil, bâiller, se pelotonner, s'élancer, guetter une proie, être à l'affût, chasser.

- **CARACTÈRE ET MODE DE VIE :** chat casanier (= qui aime rester chez lui), joueur (qui court après une boulette de papier, une pelote de laine, une ficelle, une plume), malicieux, curieux ; chat perdu, errant, famélique (= ayant faim), décharné, repu (= bien nourri) ; chat tueur de souris.

Récits, fables et poèmes animaliers

Je m'entraîne

EXERCICE 1
Les races de chat

1. Cherchez cinq noms de races de chats.
2. Qu'est-ce qu'un chat de gouttière ?

[SVT] **EXERCICE 2**
Le coin du scientifique

1. Cherchez ce que désignent pour un chat :
a. des griffes rétractiles.
b. les coussinets. c. les vibrisses.

2. Qu'appelle-t-on un animal nyctalope ?

EXERCICE 3
Désigner un chat

Voici trois noms désignant un chat : chartreux, félin, minet.
a. Lequel a une valeur affective ? b. Lequel désigne l'espèce à laquelle appartiennent les chats ? c. Lequel désigne une race de chats ?

EXERCICE 4
Les expressions et proverbes

Complétez les proverbes et expliquez-les.
a. Il n'y a pas de quoi ...... un chat. b. La nuit tous les chats sont ....
c. Appeler un chat un .... d. Chat échaudé craint .... e. Donner sa ...... au chat.
f. Quand le chat n'est pas là, les ...... dansent.

EXERCICE 5
Compléter une énumération

Le narrateur énumère tous les chats qui viennent se réfugier dans un jardin abandonné.
Je les connaissais bien, tous, comme si j'avais su leurs noms : le chat blanc borgne, aux oreilles déchirées par les combats, le chat roux, le chat noir aux yeux bleu ciel.

J. M. G. Le Clézio, « Villa Aurore », dans *La Ronde et autres faits divers* (1985) © éd. Gallimard.

Poursuivez cette énumération en ajoutant cinq expressions formées sur le modèle :
- nom + adjectif : *le chat roux* ;
- ou nom + adjectif + complément du nom : *le chat noir aux yeux bleu ciel*.
Aidez-vous de la valise de mots.

J'écris

Pour rédiger, vous pouvez utiliser des mots de la valise.

EXERCICE 6
Expression minute

Décrivez rapidement le chat de la photographie ci-dessus en utilisant au moins cinq mots de la valise.

EXERCICE 7
Décrire un chat

Sur ce modèle, décrivez en une phrase un chat de votre choix. Conservez les expressions soulignées.
<u>C'était un</u> très beau <u>chat</u>, <u>un chat</u> noir, <u>avec</u> un pelage <u>si</u> lisse et <u>si</u> luisant <u>qu'on l'aurait cru</u> peint à la laque.

M.-H. Delval, *Les Chats* © éd. Bayard Jeunesse.

EXERCICE 8
Décrire un chat en action

Vous regardez un chat en action.
Choisissez l'activité dans laquelle vous allez le décrire en quelques phrases.
Consignes d'écriture :
- commencez par : *Il faut voir un petit chat* [ou *mon chat*] *grimper sur un arbre* [ou *courir après une ficelle* ou *être en colère* ou *réclamer son repas*]...
- utilisez des verbes d'action : *Il s'étire... Il s'élance... et il sort ses griffes...*

25

fiche THÈME 11
Le loup

J'observe

Lisez le texte et répondez aux questions.

Le jeune Clément observe une louve à la jumelle, dans le parc du Mercantour (Alpes du Sud). Il a déposé des écuelles remplies de lait sur le sol...

1   En deux minutes, quatre louveteaux patauds, encore duveteux, furetant partout, s'ébattent sur le terre-plein situé sous la tanière. Ils se bousculent, se mordillent les oreilles, les pattes, le museau, courent explorer un peu plus loin et se rabattent précipitamment contre le flanc de leur mère, qui
5 prend son temps pour boire. En jouant, un des bébés pose les pattes sur le bord d'une écuelle qui se dresse et se renverse. Le louveteau bondit en arrière, mais sa mère est calme. Il n'y a donc pas de danger.

Catherine Missonnier, *Une saison avec les loups* (2002)
© éd. Gallimard Jeunesse.

1. Quel est l'habitat du loup ? Comment s'appellent ses petits ?
2. **a.** Quels adjectifs caractérisent les petits loups ?
   b. Relevez les verbes qui décrivent leurs actions.
   c. Comment définiriez-vous leur comportement ?
3. Expliquez la dernière phrase du texte. Pourquoi le louveteau n'est-il pas inquiet ?

Une louve et ses louveteaux, massif des Rocheuses, États-Unis.

Valise de mots

- **CARACTÉRISTIQUES ET MODE DE VIE :** mammifère carnivore, sauvage ; vit en famille (loup, louve et louveteaux) et en société (dans une meute), présence d'un dominant dans la meute ; prédateur (= se nourrit de proies) ; chasse souvent en groupe ; parfois solitaire ; habitat : gîte, repaire, tanière, forêt.

- **CORPS :** museau pointu ; oreilles droites ; ouïe fine ; odorat subtil ; gueule puissante, crocs ; yeux couleur d'or, yeux phosphorescents (la nuit) ; grande force musculaire.

- **COULEUR ET QUALITÉ DU PELAGE :** pelage roux, gris ou blanchâtre ; fourrure épaisse et drue, luisante, argentée ; queue touffue.

- **ATTITUDES / EXPRESSION DES SENTIMENTS :** être craintif, méfiant ; être affamé, être aux aguets, inspecter les alentours, retrousser les babines ; renifler, flairer le sol, humer l'air, montrer les crocs ; rôder, attaquer, dévorer, saisir sa proie d'un coup de dents ; hurler, japper, grogner.

Je m'entraîne

Récits, fables et poèmes animaliers

EXERCICE 1
Compléter un texte

Complétez les pointillés avec les mots de la valise qui conviennent.
Soudain, le l...... argenté se jeta sur sa pr......, la g...... grande ouverte, les c...... en avant. C'était un s...... qui avait abandonné la m...... . Soudain, il entendit un bruit. Cr........, il h...... l'air, les o...... dressées, et s'enfuit.

EXERCICE 2
Des loups qui n'en sont pas !

Répondez aux petites énigmes.
a. Au restaurant, si on vous sert du loup grillé, de quel aliment s'agit-il ?
b. Au carnaval de Venise, si vous portez un loup noir, de quel accessoire s'agit-il ?
c. Quel animal est appelé loup-cervier ? **d.** Selon certaines légendes, qu'est-ce que le loup-garou ?

EXERCICE 3
Les expressions et proverbes

Expliquez les expressions et proverbes suivants.
a. Un froid de loup. **b.** Avancer à pas de loup. **c.** Se précipiter dans la gueule du loup. **d.** À la queue leu leu (= « à la queue du loup » *en ancien français*). **e.** Enfermer le loup dans la bergerie. **f.** Quand on parle du loup, on en voit la queue.

EXERCICE 4
Les contes et légendes

1. Qui sont Romulus et Rémus ? Retrouvez leur histoire.
2. Citez au moins un conte (et son auteur) où il est question d'un loup. Précisez le rôle du loup dans l'histoire.

EXERCICE 5
Les *Fables* de La Fontaine

1. Voici quelques vers de différentes fables de Jean de La Fontaine.
a. Un loup survient à jeun qui cherchait aventure.
b. Un loup n'avait que les os et la peau
Tant les chiens faisaient bonne garde.
c. Après mille ans et plus de guerre déclarée
Les loups firent la paix avecque les brebis.
d. De bonheur pour ce loup, qui ne pouvait crier,
Près de là passe une cigogne.
e. Un loup, dis-je, au sortir des rigueurs de l'hiver,
Aperçut un cheval qu'on avait mis au vert.

En vous aidant des indices contenus dans les vers, retrouvez le titre des fables d'où les extraits sont issus.
1. Le cheval et le loup. **2.** Les loups et les brebis. **3.** Le loup et la cigogne.
4. Le loup et le chien. **5.** Le loup et l'agneau.

2. Lisez les fables sur Internet ou dans un recueil de fables. Que fait le loup dans chacune des fables ?

J'écris

Pour rédiger, vous pouvez utiliser des mots de la valise.

EXERCICE 6
Expression minute

Clément réussit à s'approcher un peu plus de la louve. Décrivez l'animal tel qu'il le voit, en deux ou trois phrases. Utilisez au moins cinq mots de la valise. Aidez-vous de la photographie ci-contre.

EXERCICE 7
Raconter l'histoire d'un loup

Un loup solitaire, affamé et traqué par les hommes, hurle dans la grande forêt enneigée. Mais, il trouve bientôt une nouvelle meute. Racontez son histoire.

EXERCICE 8
Exprimer son avis

Depuis la nuit des temps, les loups ont mauvaise réputation. La méritent-ils selon vous ? Rédigez quelques phrases pour justifier votre opinion.

fiche THÈME 12

Les oiseaux

J'observe

Lisez le poème et répondez aux questions.

« L'oiseau bleu »

1 Mon oiseau bleu a le ventre tout bleu
   Sa tête est d'un vert mordoré[1]
   Il a une tache noire sous la gorge
   Ses ailes sont bleues avec des touffes[2] de petites plumes jaune doré
5 Au bout de la queue il y a des traces de vermillon[3]
   Son dos est zébré de noir et de vert
   Il a le bec noir les pattes incarnat[4] et deux petits yeux de jais[5]
   Il adore faire trempette se nourrit de bananes et pousse un cri
   qui ressemble au sifflement d'un tout petit jet de vapeur
10 On le nomme le septicolore

Blaise Cendrars, *Feuilles de route* (1947), III, « Départ »
© Miriam Cendrars, 1961 et © éd. Denoël, 1947, 1963, 2001.

1. *mordoré* : aux reflets dorés.
2. *touffes* : ensemble.
3. *vermillon* : rouge tirant sur le jaune.
4. *incarnat* : rouge vif.
5. *jais* : noir luisant.

1. Relevez les noms qui désignent des parties du corps de l'oiseau.
2. Relevez les mots qui précisent ses différentes couleurs.
3. Quelle est la nourriture de cet oiseau ? son occupation préférée ?
4. À quoi son cri est-il comparé ?
5. À quel moment son nom est-il cité ?

Valise de mots

- **QUELQUES ESPÈCES D'OISEAUX**

▶ **Oiseaux des jardins, des bois et des champs** : moineau, merle, mésange, chouette, corbeau, coucou, faucon, geai, hirondelle, linotte, perdrix, pie, pic-vert, pinson, rouge-gorge, tourterelle.

▶ **Oiseaux des basses-cours** : poule, coq, pintade, dindon, oie, paon, canard.

▶ **Oiseaux des rivières et des étangs** : héron, canard, cygne, bécasse, poule d'eau, martin-pêcheur.

▶ **Oiseaux marins** : mouette, goéland, pingouin.

- **CORPS** : gorge, ventre, bec (long, court, pointu, crochu, recourbé), queue, pattes, serres, plumage, duvet, crête.

- **PLUMAGE** : bleuté, doré, noir, roux, ébouriffé, soyeux, brillant, éclatant.

- **ATTITUDES** : sautiller, être perché, battre des ailes, déployer ses ailes, planer, se blottir, plonger.

- **MODE DE VIE** : nicher, couver, donner la becquée, picorer, décortiquer les graines, happer un insecte.

- **CRI ET CHANT** : (h)ululer, croasser, glouglouter, roucouler, siffler, jacasser, piailler, caqueter, pépier, gazouiller.

Récits, fables et poèmes animaliers

Je m'entraîne

EXERCICE 1
Les cris des oiseaux

Choisissez dans la valise de mots les verbes correspondant aux cris des oiseaux suivants.
a. le pigeon. b. le corbeau. c. la poule. d. le dindon. e. la chouette. f. l'oisillon.
g. le merle. h. la pie.

EXERCICE 2
Les petits des oiseaux

1. De qui les oiseaux suivants sont-ils les petits ?
Quels sont les deux suffixes diminutifs utilisés ?
perdreau, paonneau, oison, caneton, faisandeau, aiglon, pigeonneau.

2. Quand utilise-t-on le terme d'*oisillon* ?

[SVT] EXERCICE 3
Le régime alimentaire

1. Retrouvez le régime alimentaire.
a. Je suis insectivore, je me nourris d'…… . b. Je suis frugivore, je me nourris de …… .

2. Trouvez le nom correspondant au régime alimentaire.
Aidez-vous des racines latines entre parenthèses.
a. Je me nourris de poissons [de *piscis* : « poisson »], je suis …… .
b. Je me nourris de graines [de *granum* : « grain »], je suis …… .

EXERCICE 4
Les comparaisons
→ Fiche NOTION 33, p. 70

Complétez les comparaisons (aidez-vous des oiseaux cités dans la valise de mots).
a. gai comme un ……. . b. fier comme un ……. ou comme un ……. . c. noir comme un ……. . d. parler comme un ……. . e. bavarde comme une ……. . f. effronté comme un ……. .

EXERCICE 5
Les homonymes
→ Fiche NOTION 29, p. 62

Remplacez les pointillés par le mot qui convient.
a. [cygne - signe] Le …… glisse majestueusement sur l'eau du lac. Un ciel noir est un …… d'orage. b. [geai - jet - jais] Un superbe …… d'eau s'élève au milieu de la place. Le …… est un oiseau des bois au plumage bleu et noir. Le plumage du corbeau est noir de ……. .

EXERCICE 6
Le sens des expressions

Donnez le sens des expressions suivantes.
a. Avoir une tête de linotte. b. Avoir une cervelle d'oiseau. c. Faire l'autruche.
d. Voler de ses propres ailes. e. Être une poule mouillée.
Plus difficile ! f. Être comme l'oiseau sur la branche. g. Mettre tous ses œufs dans le même panier. h. À vol d'oiseau.

J'écris

Pour rédiger, vous pouvez utiliser des mots de la valise.

EXERCICE 7
Expression minute

En une phrase, décrivez un oiseau de votre choix selon ce modèle :
Voici le / la…, au / à la…, au / à la…
EX : *Voici la mésange bleue, à la calotte bleue, au ventre jaune.*

EXERCICE 8
Écrire une phrase

Sur le modèle de la phrase suivante, montrez un oiseau en activité à l'aide de trois verbes.
Modèle : *Un merle noir, piquait les cerises, buvait leur jus, déchiquetait leur chair.*

EXERCICE 9
Décrire un oiseau

À la manière de Blaise Cendrars (poème ci-contre), décrivez votre oiseau préféré et montrez-le dans ses activités : en train de construire son nid, en train de donner la becquée à ses petits…

ÉVALUATION ET JEU 2 ▶ p. 75

fiche THÈME 13

Les cinq sens

J'observe

Lisez le texte et répondez aux questions.

Gilgamesh a entrepris un long voyage à la recherche de l'homme qui lui donnera le secret de l'immortalité. Il s'est évanoui de fatigue...

Il ouvre les yeux. Son corps fourmille de fatigue et une lumière étrange l'entoure. Elle chauffe sans brûler et enveloppe ses membres. Elle chatoie[1] et, sous sa caresse, ses douleurs fondent. [...]

Une musique lui parvient. Un tintement. Comme de minuscules cloches de bronze. Ou la lumière elle-même. Oui ! La lumière qui ondule sous la brise.

Il parvient à s'asseoir et se découvre au milieu d'un verger, planté à perte de vue d'arbres fruitiers. Mais quels arbres ! Tous couverts d'une magnifique récolte de pierres fines. Ce sont elles, en filtrant la lumière, qui le baignent de leur douceur. Elles qui réparent ses blessures.

Gilgamesh se lève alors et avance vers les arbres, va de l'un à l'autre en s'émerveillant, effleure les feuillages, soupèse les fruits, hume, goûte.

L'Épopée de Gilgamesh (environ 1500 av. J.-C.), adaptation de Jacques Cassabois
© Le livre de poche jeunesse, 2004.

1. *chatoie* : brille avec différents reflets.

1. Dans quel lieu Gilgamesh se retrouve-t-il ?
En quoi ce lieu est-il merveilleux ?

2. a. Relevez le vocabulaire qui se réfère à la vue, au toucher (sensations tactiles), à l'ouïe (sensations auditives), à l'odorat et au goût.
b. S'agit-il de sensations agréables ou désagréables ?

Valise de mots

- **VUE :** voir, regarder, observer, apercevoir, distinguer, admirer, contempler, examiner, remarquer, épier, fixer, scruter ; regard, vision, image, observation.

- **OUÏE :** écouter, entendre ; grésiller, crépiter, vrombir, sonner, tinter, craquer, claquer ; murmure, cri, hurlement, bruissement, gazouillis, fracas, vacarme ; bruit léger, lointain, étouffé, assourdissant, strident.

- **TOUCHER :** effleurer, caresser, frôler, tâter ; doux, moelleux, dur, rêche, rugueux, lisse ; froid, glacial, tiède, chaud, brûlant, bouillant.

- **ODORAT :** sentir, humer, embaumer, empester ; senteur, parfum, arôme ; odeur agréable, délicate, appétissante, nauséabonde, infecte, écœurante.

- **GOÛT :** goûter, savourer, déguster, se régaler ; amer, rance, acide, doux, sucré, salé, fruité, épicé, fade.

Activités humaines

Je m'entraîne

EXERCICE 1
Les cinq sens

À quel sens (vue, ouïe...) rattachez-vous chacun des mots suivants ?
Aidez-vous de la valise de mots.
a. fade. **b.** humer. **c.** rêche. **d.** fracas. **e.** moelleux. **f.** observer. **g.** crépiter.

EXERCICE 2
Le vocabulaire de la vue

Complétez les phrases à l'aide d'un synonyme de « voir ».
Aidez-vous de la valise de mots.
a. Nous restons longtemps à ...... le panorama. **b.** D'ici, on ...... parfois des biches dans la forêt. **c.** Un aigle ...... le ciel à la recherche d'une proie.

EXERCICE 3
Le vocabulaire de l'ouïe

Complétez les phrases avec des verbes de la valise évoquant un bruit.
a. Le feu ...... dans la cheminée. **b.** La porte .... **c.** Le moteur ....
d. La cloche .... **e.** Le beurre ...... dans la poêle chaude.

EXERCICE 4
L'étymologie : la vue
→ Fiche NOTION 26, p. 56

Complétez avec un mot issu du mot latin ou grec signalé entre crochets.
a. Le globe [du latin *oculus* : « œil »] o...... est la sphère formant l'œil.
b. J'ai rendez-vous chez [du grec *ophtalmos* : « œil »] l'o...... pour faire vérifier ma vue. **c.** Je vais acheter des lunettes chez [du grec *optikê* : « art de la vision »] l'o...... . **d.** Les scientifiques se servent du [du grec *skopein* : « examiner »] m...... pour voir des objets invisibles à l'œil nu et du t...... pour observer les planètes.

EXERCICE 5
Les antonymes
→ Fiche NOTION 30, p. 64

Trouvez les antonymes des adjectifs. Aidez-vous de la valise de mots.
a. une eau glaciale. **b.** un caramel dur. **c.** une route sèche. **d.** une surface rugueuse. **e.** une odeur appétissante. **f.** un bruit léger.

EXERCICE 6
Les saveurs

Associez l'adjectif (liste 1) à son aliment (liste 2).
Liste 1 : amer, rance, acide, aigre, sucré, épicé.
Liste 2 : un beurre trop vieux, le citron, le clafoutis, le vinaigre, le poulet au curry, le café.

EXERCICE 7
Les expressions

Donnez le sens des expressions suivantes.
a. Prêter l'oreille. **b.** Se faire tirer les oreilles. **c.** Casser les oreilles. **d.** Rire au nez de quelqu'un. **e.** Ne pas voir plus loin que le bout de son nez. **f.** Nez à nez avec quelqu'un.

Un feu d'artifice lors du 14 Juillet à Paris.

J'écris

Pour rédiger, vous pouvez utiliser des mots de la valise.

EXERCICE 8
Expression minute

Écrivez cinq phrases dans lesquelles vous exprimerez les sensations que vous avez éprouvées un jour d'été, à la campagne, à la montagne ou au bord de la mer (une phrase pour chacun des cinq sens).

EXERCICE 9
Raconter une fête

Racontez une fête à laquelle vous avez participé (anniversaire, 14 Juillet...) en insistant sur les sensations (bruits, lumières, couleurs, odeurs, saveurs...).

fiche THÈME 14
Les émotions

J'observe

Lisez le texte et répondez aux questions.

La Belle se retrouve prisonnière dans le palais de la Bête qui lui offre tout ce qu'elle désire…

1. La Belle soupa de bon appétit. Elle n'avait presque plus peur du monstre, mais elle manqua mourir de frayeur lorsqu'il lui dit :
« La Belle, voulez-vous être ma femme ? » Elle fut quelque temps sans répondre : elle avait peur d'exciter la colère du monstre en refusant sa
5 proposition. Elle lui dit enfin en tremblant : « Non, la Bête. »
Dans le moment[1], ce pauvre monstre voulut soupirer et il fit un sifflement si épouvantable que tout le palais en retentit ; mais la Belle fut bientôt rassurée, car la Bête, lui ayant dit tristement « Adieu donc, la Belle », sortit de la chambre en se retournant de temps en temps pour la regarder
10 encore. La Belle, se voyant seule, sentit une grande compassion pour cette pauvre Bête. « Hélas ! disait-elle, c'est bien dommage qu'elle soit si laide, elle est si bonne ! »

Jeanne-Marie Leprince de Beaumont, *La Belle et la Bête* (1757).

1. *dans le moment* : alors.

1. Pourquoi la Belle a-t-elle peur ? Relevez un synonyme du mot *peur* et un terme qui exprime la manifestation physique de sa peur.
2. Quelle réaction la Belle craint-elle de provoquer chez la Bête ?
3. Quelle est en fait l'émotion ressentie par la Bête ? Comment l'exprime-t-elle ?
4. Pourquoi la Belle ressent-elle de la *compassion* (l. 10)? Expliquez ce mot.

La Belle et la Bête, film de Jean Cocteau (1946), avec Jean Marais dans le rôle de la Bête.

Valise de mots

- **JE RESSENS DES ÉMOTIONS, JE SUIS :** touché, ému, bouleversé, émerveillé, vexé.

- **JOIE :** gaieté ; heureux, joyeux, content, ravi, fou de joie ; se réjouir, rire, sourire, sauter de joie, éclater de rire, avoir les yeux qui brillent, rayonner de bonheur.

- **COLÈRE :** irritation, rage, fureur ; furieux, indigné ; s'emporter, enrager, rougir de colère.

- **SURPRISE :** étonnement ; surpris, stupéfait ; rester sans voix, sursauter.

- **PEUR :** crainte, inquiétude, frayeur, terreur, panique, épouvante ; peureux, angoissé ; s'inquiéter, trembler, craindre, frissonner, être mort de peur, avoir la chair de poule, paniquer.

- **TRISTESSE :** chagrin, peine ; larmes, pleurs, sanglots ; pleurer, fondre en larmes, avoir la gorge qui se serre, se lamenter.

Activités humaines

Je m'entraîne

EXERCICE 1
Une famille de mots

Complétez les tirets pour former des mots de la famille de « émouvoir » (du latin *movere* : « remuer »).
a. Il est facilement ému, il est très é _ _ _ if. b. Ce film m'a fait pleurer, il était très é _ _ _ _ _ nt. c. Il lui a remis le prix avec une grande é _ _ _ _ on.
d. Cet enfant est très sensible, il est d'une grande é _ _ _ _ _ _ té.

EXERCICE 2
Des émotions et des événements

Complétez avec des mots que vous choisirez dans la valise de mots.
a. Quelle joie, je me ...... à l'idée de te revoir ! b. Quand j'ai appris que mon meilleur ami allait déménager, j'ai fondu .... c. L'idée de descendre à la cave me remplit de .... d. Tout le monde a été ...... par l'exploit de ce sportif.

Le mime Marcel Marceau (1997).

EXERCICE 3
Les synonymes
→ Fiche NOTION 30, p. 64

Remplacez le mot ou l'expression en gras par un synonyme.
a. Sa réaction m'a **surprise**. b. Ce roman m'a beaucoup **ému**.
c. Cesse de **t'inquiéter**, nous allons retrouver tes clés ! d. Dans le noir, je ne me sens pas **tranquille**. e. **N'ayez crainte**, je suis là.

EXERCICE 4
Les expressions

Quelles émotions peuvent se cacher derrière les expressions suivantes ?
a. Être sur un petit nuage. b. Avoir froid dans le dos. c. Vouloir disparaître sous terre. d. Avoir la moutarde qui monte au nez. e. Être bouche bée.
f. Prendre ses jambes à son cou.

EXERCICE 5
Des émotions et des couleurs

Complétez avec un terme de couleur (*jaune, noir, rouge, bleu, vert, blanc*) que vous accorderez si nécessaire au féminin.
a. Il est ...... de honte. b. Elle est entrée dans une colère .... c. Il est devenu ...... comme un linge. d. Il était ...... de peur ! e. Elle a ri .... f. J'ai eu une peur ....

EXERCICE 6
Nommer les émotions

Écrivez le nom correspondant au verbe ou à l'adjectif.
a. J'étais content, je manifestais mon c...... . b. J'étais désespérée, j'étais emplie de d...... . c. Je sanglotais, j'étais en s...... . d. J'étais énervée, je ne pouvais surmonter mon é...... . e. J'étais vexé, la v...... était trop grande.

J'écris

Pour rédiger, vous pouvez utiliser des mots de la valise.

EXERCICE 7
Expression minute

Ce jour-là, mon cœur a battu très fort… Faites revivre en quelques lignes un moment où vous vous êtes senti(e) très heureux(se).

EXERCICE 8
Raconter un cauchemar

Racontez un cauchemar que vous avez pu faire dans votre enfance (ou encore récemment) et la peur que vous avez éprouvée en pleine nuit…
Comment avez-vous ensuite retrouvé le sommeil ?
Faites partager vos émotions au lecteur.

fiche THÈME 15
L'exercice d'un métier

J'observe

Lisez le poème et répondez aux questions.

Remontoir

1   Le couvreur
    Remonte le toit

    L'horloger
    Remonte la pendule

5   L'entraîneur
    Remonte le moral

    Le magicien
    Remonte le temps

    Quant au poète lui...
10 Il essaie de remonter les cœurs

        Pour un petit tour de bonheur

Claude Haller, *Poèmes du petit matin* (1994)
© éd. Hachette Livre.

1. Le texte est-il en vers ou en prose ? Justifiez votre réponse.
2. Quels sont les différents métiers énoncés ? Identifiez les différents suffixes utilisés. Quelle est l'activité du couvreur ?
3. Quel verbe est répété ? A-t-il le même sens à chaque fois ? Expliquez le jeu sur les mots.
4. Quel métier est présenté en dernier ? Pourquoi selon vous ?

Valise de mots

- **DE L'APPRENTISSAGE À LA RETRAITE :** être en apprentissage, s'orienter dans une filière, suivre une formation professionnelle, obtenir un diplôme, avoir une vocation ; faire carrière, exercer un métier, percevoir un salaire, avoir une promotion ; être sans profession, être au chômage ; prendre sa retraite.

- **DIFFÉRENTS SECTEURS D'ACTIVITÉ :** métiers de la fonction publique (= travaillant pour l'État), métiers du bâtiment, professions libérales (= indépendantes, de caractère intellectuel), métiers agricoles, hôtellerie et restauration, artisans et commerçants, santé, justice, armée, marine, information, alimentation, audiovisuel, politique, tourisme, transport, multimédia, spectacles, sport...

- **FONCTIONS DANS LES ENTREPRISES :** PDG (= président-directeur général), patron, directeur, cadre (personne qui organise le travail dans une entreprise), employé, secrétaire, informaticien, comptable, ouvrier, ingénieur, chercheur, technicien, mécanicien.

Activités humaines

Je m'entraîne

EXERCICE 1
Les synonymes
→ Fiche NOTION 30, p. 64

Trouvez quatre synonymes du mot « métier » en complétant les expressions suivantes.
a. Ma sœur a trouvé un em...... . b. Mon ami exerce la f...... de directeur.
c. Elle a une belle si...... . d. Il occupe un p...... élevé.

EXERCICE 2
Les suffixes
→ Fiche NOTION 27, p. 58

Voici cinq suffixes de métier : -eur, -ier, -er, -iste, -ien.
1. Trouvez deux métiers formés à l'aide de chacun des suffixes. Aidez-vous de la valise de mots.
2. Donnez, quand il est différent, chaque métier au féminin.

EXERCICE 3
Classer les métiers

1. Voici une liste de métiers. Dites à quel secteur d'activité (cité dans la valise de mots) chacun appartient.
a. acteur. b. épicier. c. postier. d. cuisinier. e. éleveur. f. député. g. présentateur du journal télévisé. h. plombier. i. hôtesse de l'air. j. conducteur d'autobus. k. boulanger. l. dentiste. m. militaire. n. juge pour enfants. o. informaticien. p. juge arbitre.
2. Donnez un exemple de métier de la fonction publique (fonctionnaire), de profession libérale, d'artisan.

EXERCICE 4
L'outil de travail

Associez à chaque métier de la liste 1 l'outil de travail correspondant dans la liste 2.
Liste 1 : mécanicien, agriculteur, bûcheron, dentiste, chauffeur routier, menuisier, boulanger.
Liste 2 : rabot, pétrin, moissonneuse-batteuse, clé à molette, roulette, camion, tronçonneuse.

EXERCICE 5
Les professions médicales

1. En grec, le médecin se dit *iatros*, ce qui a donné le suffixe « -iatre ». Comment s'appellent :
a. le médecin spécialiste des enfants ?
b. le médecin spécialiste de la santé mentale ?
2. En grec, « science, discours » se dit *logos*, d'où le suffixe « -logue » qui signifie « spécialiste ». Dites quelle est la spécialité des médecins suivants.
a. dermatologue. b. cardiologue. c. neurologue. d. rhumatologue.
e. pneumologue. f. gastro-entérologue.

EXERCICE 6
La tenue, l'accessoire vestimentaire

Associez l'élément de la liste 1 au métier correspondant de la liste 2.
Liste 1 : robe noire, écharpe tricolore, bleu de travail, toque blanche, casque avec lampe, tenue ignifuge.
Liste 2 : mineur, ouvrier, pompier, cuisinier, avocat, maire.

J'écris

Pour rédiger, vous pouvez utiliser des mots de la valise.

EXERCICE 7
Expression minute

Quel métier aimeriez-vous exercer plus tard ?
Dites en quoi consiste ce métier et pourquoi il vous attire.

EXERCICE 8
Écrire un poème sur les métiers

Sur le modèle de la phrase suivante extraite du poème de Claude Haller, *L'horloger remonte la pendule* (un sujet, un verbe, un complément), décrivez les activités de six personnes exerçant différents métiers. Vous essaierez d'employer toujours le même verbe.

35

fiche THÈME 16
Les activités sportives

J'observe

Lisez le texte et répondez aux questions.

1   Le match débuta à 15 h 40 environ. À la première minute, à la suite d'un cafouillage devant les buts, l'ailier gauche décocha un tir d'une telle puissance qu'Alceste fut dans l'obligation d'effectuer un plongeon désespéré pour éviter le ballon qui arrivait droit sur lui. Mais le but fut refusé,
5   l'arbitre se rappelant que les capitaines ne s'étaient pas serré la main.

Sempé et Goscinny, *Les Récrés du petit Nicolas* (1978) © éd. Denoël.

1. Quel sport pratiquent les deux équipes ? Quels sont les mots du texte qui justifient votre réponse ?
2. Relevez les expressions verbales qui décrivent les mouvements des joueurs et du ballon.
3. Pourquoi la décision de l'arbitre est-elle comique ?

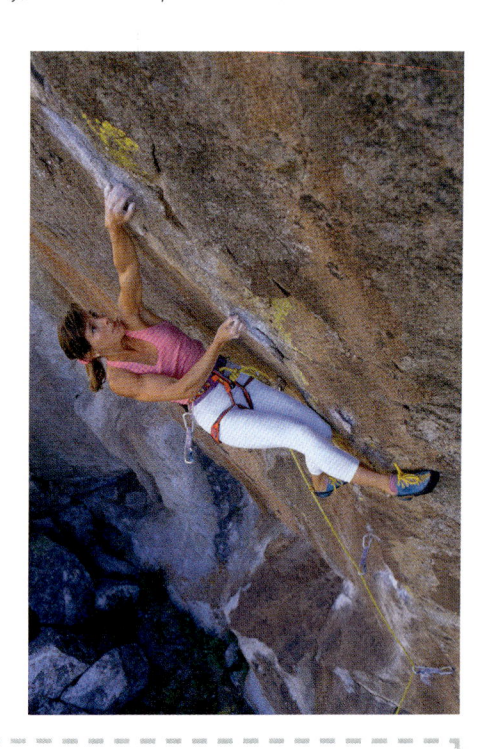

Valise de mots

- **MOUVEMENTS DU SPORTIF :** courir, sauter, bondir, soulever (des haltères), lancer (un javelot), ramer, glisser, frapper (la balle, le ballon), immobiliser (un adversaire), patiner, escalader, nager, plonger, pédaler, empoigner (un adversaire), s'élancer, déraper, slalomer, sprinter.

- **QUALITÉS DU SPORTIF :** souplesse, équilibre, élan, agilité, puissance, endurance, vélocité, tactique, force, grâce, respect de l'adversaire, goût de la compétition.

- **SPORTS**
  ▶ **Athlétisme :** course à pied, saut à la perche, saut en longueur, lancer (javelot, disque…).
  ▶ **Sports de ballon :** football, basket-ball, handball, volley-ball, rugby.
  ▶ **Sports de balle :** hockey sur gazon, tennis, tennis de table (ou ping-pong), base-ball, golf.
  ▶ **Autres sports :** gymnastique féminine (sol, barres asymétriques, saut de cheval, poutre), gymnastique masculine (sol, anneaux, cheval d'arçons…), aviron, canoë, natation, planche à voile, judo, escrime, karaté, lutte, boxe, cyclisme, alpinisme, ski, patinage, équitation, haltérophilie.

Activités humaines

Je m'entraîne

EXERCICE 1
Les antonymes
→ Fiche NOTION 30, p. 64

Trouvez le contraire des expressions suivantes.
a. gagner / p…… . **b.** une défaite / une v…… . **c.** un amateur / un p…… .
d. un partenaire / un a…… . **e.** un sport collectif / un sport in…… .

EXERCICE 2
L'origine des mots

1. Dans la valise de mots, quels sont les noms de sports d'origine anglaise ?
2. Quelle est l'origine du mot *handball* ? En quoi ce sport consiste-t-il ?
3. Dans la valise de mots, quels sont les noms de sports d'origine japonaise ?
À quel type de sports s'appliquent-ils ?

[EPS]
EXERCICE 3
Jeu des indices

Avec les trois indices fournis, saurez-vous retrouver le sport
(cité dans la valise de mots) dont il s'agit ?
a. descente, slalom, tremplin. **b.** mêlée, drop, essai.
c. kimono, tatami, ceinture noire (**deux solutions possibles**).
Plus difficile !
d. set, smash, service (**deux solutions possibles**).
e. braquet, dérailleur, chaîne. **f.** masque, touche, fleuret.

[EPS]
EXERCICE 4
Connaissez-vous bien les sports ?

1. Parmi les sports cités dans la valise de mots, distinguez :
a. les sports de combat. **b.** les sports d'hiver. **c.** un sport équestre.
d. les sports nautiques.
2. Parmi les sports cités dans la valise de mots, nommez cinq sports collectifs
et cinq sports individuels.
3. Citez, parmi les sports de la valise de mots, un sport qui se pratique :
a. dans un stade. **b.** dans un gymnase. **c.** sur un ring. **d.** sur un plan d'eau.
e. sur un terrain en gazon. **f.** sur un green. **g.** sur un terrain à surface dure.

EXERCICE 5
Les sports et les sportifs

À l'aide des suffixes *-eur* (*-euse*), *-iste*, *-ka*, ou d'un mot composé de *man* ou
woman (« homme » et « femme » en anglais), trouvez le nom du sportif
et de la sportive qui pratiquent chacun des sports suivants.
a. escrime. **b.** planche à voile. **c.** tennis. **d.** golf. **e.** perche. **f.** judo.
g. volley-ball. **h.** ping-pong. **i.** karaté.

[EPS]
EXERCICE 6
Le matériel sportif

Associez un matériel de la série 1 à une activité sportive de la série 2.
Série 1 : un ballon ovale, un ballon de basket, un étrier, un club,
un cheval d'arçons, une raquette, les starting-blocks, le braquet.
Série 2 : faire une acrobatie gymnique, prendre le départ du 100 mètres,
monter sur un cheval, marquer un essai, monter une côte, faire un smash,
effectuer un swing, réussir un panier.

J'écris

Pour rédiger, vous pouvez utiliser des mots de la valise.

EXERCICE 7
Expression minute

Décrivez le champion ou la championne de votre sport préféré en pleine action.
Vous utiliserez un seul sujet (*Il* ou *Elle*… ou le nom du sportif ou de la sportive) et
une suite de verbes de mouvement et d'attitudes.

EXERCICE 8
Présenter son sport préféré

Quel sport pratiquez-vous ou aimeriez-vous pratiquer ? Dites en quoi il consiste,
dans quel lieu on le pratique, et quelles qualités il nécessite.
Conseils :
- présentez le sport, décrivez les gestes techniques à maîtriser ;
- dites pourquoi vous aimez ce sport.

ÉVALUATION ET JEUX 3 ▶ p. 76

fiche THÈME 17

L'espace et le temps

J'observe

Lisez le texte et répondez aux questions.

Leuk-le-lièvre, qui vit dans la savane africaine, demande à l'hirondelle le chemin pour aller à la mer...

1 « Pour arriver à la mer sans te perdre, il faut que tu saches t'orienter. Tu sais que le point de la terre où le soleil se lève s'appelle l'est, le point où il se couche l'ouest. Ces deux points suffisent pour le voyage que tu veux faire. Car la mer se trouve à l'ouest du pays que nous habitons. Donc tu
5 marcheras toujours droit vers l'ouest. Le soleil sera ton meilleur guide.
– Et que faire quand il n'y aura pas de soleil ?
– Puisque tu dois partir au mois de mars, répond M'Bélar-l'hirondelle, le vent d'est te guidera dans la forêt. Ce vent, chaud et sec, souffle en effet de l'est
10 vers l'ouest. Ainsi pourras-tu suivre sa marche. Quant au soleil, en cette saison, il n'est jamais caché. »

Léopold Sédar Senghor et Abdoulaye Sadji,
La Belle histoire de Leuk-le-lièvre
© Librairie Hachette, 1953.

1. Quel itinéraire doit suivre Leuk-le-lièvre ? Relevez des termes précis.
2. À quel moment de l'année fera-t-il son voyage ?
3. Quels éléments doivent lui servir de guides ?

Valise de mots

- **MESURE DE L'ESPACE :** année-lumière, centimètre, décimètre, kilomètre, mètre, millimètre.

- **SITUATION DANS L'ESPACE :** se trouver, s'orienter, se diriger vers ; prendre une direction, suivre une direction ; à droite, à gauche, en haut, en bas, dedans, dehors, au milieu, en face, devant, derrière, à côté, près, au loin, au bout, au fond, au bord, le long, dans les environs, autour, tout droit.

- **MESURE DU TEMPS :** année, ère, heure, jour, minute, mois, olympiade, quinquennat, seconde, semaine, siècle, trimestre.

- **PÉRIODICITÉ ET DURÉE :** quotidien, hebdomadaire, mensuel, semestriel, annuel ; temporaire, éternel ; toujours, souvent, jamais.

- **FAITS PASSÉS :** hier/la veille, la semaine dernière/la semaine précédente, un jour, autrefois, jadis, en ce temps-là.

- **FAITS PRÉSENTS ET À VENIR :** maintenant, aujourd'hui/ce jour-là, demain/le lendemain, la semaine prochaine/la semaine suivante, dans quelques jours, prochainement.

- **FAITS QUI SE SUCCÈDENT :** d'abord, auparavant, ensuite, puis, alors, après, peu après.

Espaces naturels et citadins

Je m'entraîne

EXERCICE 1
La mesure du temps et de l'espace [SCIENCES]

Les mots donnés dans la valise pour mesurer l'espace et le temps sont classés par ordre alphabétique. Proposez un autre classement (de la mesure la plus petite à la mesure la plus grande).

EXERCICE 2
Durée et périodicité

Complétez les phrases avec des mots de la valise.
a. Un journal qui paraît tous les jours est un .... **b.** Un magazine qui paraît tous les mois est un .... **c.** Un travail que l'on exerce pour un temps limité est un travail .... **d.** Une ...... correspond à une période de quatre ans entre deux célébrations de Jeux olympiques. **e.** En France, le mandat présidentiel dure cinq ans, c'est le régime du ....

EXERCICE 3
Les antonymes
→ Fiche NOTION 30, p. 64

Formez des couples d'antonymes.
Liste 1 : tôt, souvent, antériorité, toujours, jadis, sur, devant, près de.
Liste 2 : rarement, tard, postériorité, loin de, jamais, derrière, aujourd'hui, sous.

EXERCICE 4
Les homonymes
→ Fiche NOTION 29, p. 62

1. Complétez avec *temps*, *tant*, *taon* ou *tend*.
a. Il lui ...... la main sans rancune. **b.** La déesse Héra envoie un ...... pour piquer Io transformée en vache. **c.** Il y avait ...... de monde que nous n'avons pas pu rentrer. **d.** À la mi-......, aucun but n'a encore été marqué.

2. Complétez avec *ère* ou *aire*.
a. Calculez l'...... du rectangle. **b.** L'...... chrétienne débute avec la naissance du Christ.

EXERCICE 5
Les expressions

Complétez les phrases avec les expressions proposées (vous conjuguerez les verbes).
Expressions : *tuer le temps, prendre du bon temps, avoir fait son temps*.
a. Lorsqu'un vêtement ou objet est hors d'usage, on dit qu'il .... **b.** Il s'amuse, il .... **c.** On ...... lorsqu'on s'occupe comme on peut pour échapper à l'ennui.

EXERCICE 6
Les familles de mots
→ Fiche NOTION 26, p. 56

En grec, « temps » se dit *khronos*. Complétez les pointillés pour former des mots ayant ce radical.
a. L'instrument mesurant le temps s'appelle un ch...... . **b.** « Il faut d'abord établir la ch...... des événements », déclara le commissaire. **c.** En histoire, nous utilisons des frises ch...... .

J'écris

Pour rédiger, vous pouvez utiliser des mots de la valise.

EXERCICE 7
Expression minute

À l'entrée du collège, vous expliquez à un nouvel élève l'itinéraire qu'il doit suivre pour se rendre dans la classe de français, puis celui qu'il devra suivre pour aller à la cantine, après les cours.

EXERCICE 8
Raconter un déplacement

Racontez une journée à la campagne, une sortie scolaire... : vous préciserez le trajet que vous avez effectué, le temps que vous avez passé ici ou là, les lieux que vous avez vus...

fiche THÈME 18 — Les saisons

J'observe

Lisez le texte et répondez aux questions.

1. L'automne arriva, les feuilles de la forêt devinrent jaunes et brunes : le vent les saisit et les fit voltiger. En haut dans les airs il faisait bien froid ; des nuages lourds pendaient, chargés de grêle et de neige. Sur la haie le corbeau croassait, tant il était gelé : rien que d'y penser, on grelottait. Le
5. pauvre caneton n'était, en vérité, pas à son aise. [...]

Puis l'hiver très froid s'installe et le petit canard manque d'être gelé dans l'étang transformé en glace.

Il était couché dans le marécage entre les joncs, lorsqu'un jour le soleil commença à reprendre son éclat et sa chaleur. Il faisait un printemps délicieux.

Hans Christian Andersen, « Le Vilain petit canard » (1842), dans Contes, traduit du danois par D. Soldi, E. Grégoire et L. Moland © éd. Flammarion.

1. Quelles transformations la nature subit-elle en automne ?
2. Relevez les mots appartenant au champ lexical du froid.
3. Que ressent le petit canard ?

Ci-contre : village de Port-Titi en automne, sur le lac de Saint-Point, Haut-Doubs.
Page 41 : le même village en hiver.

Valise de mots

- **AUTOMNE :** les feuilles jaunissent ; feuilles couleur or, grenat, pourpre, rouille, mordorée ; chute des feuilles qui tournoient, tourbillonnent ; le vent se lève, emporte les feuilles mortes ; pluie, bourrasque ; sol détrempé ; brume, brouillard, ciel nuageux ; cueillette des champignons, vendanges.

- **HIVER :** grêle, gel, givre, verglas, glace sur les étangs ; froid vif, froid piquant ; la neige voltige, couvre la terre, blanchit les toits, efface les chemins ; flocons de neige ; bise ; pâle soleil, jour blafard.

- **PRINTEMPS :** verdure, bourgeons, premières pousses ; se couvrir de fleurs, primevères ; nids des oiseaux, pépiement, retour des hirondelles ; ciel clair, air léger, frais, doux, tiède ; giboulée (= pluie et vent).

- **ÉTÉ :** sécheresse, canicule ; soleil brillant, flamboyant, soleil qui darde ses rayons ; lumière vive, aveuglante ; ciel lumineux, bleu, azuré ; air lourd, chaleur étouffante, torride, accablante ; orage, pénombre, fraîcheur ; cueillette des cerises, des pêches ; moissons.

Espaces naturels et citadins

Je m'entraîne

EXERCICE 1
Curiosités

Cherchez ce qu'on entend par :
a. l'été indien. **b.** l'été de la Saint-Martin.
c. l'arrière-saison. **d.** la saison des vendanges.

EXERCICE 2
Proverbes et météo

Cherchez le sens des proverbes suivants.
a. En avril, ne te découvre pas d'un fil, en mai, fais ce qu'il te plaît.
b. Une hirondelle ne fait pas le printemps.
c. Noël au balcon, Pâques au tison.

EXERCICE 3
Les familles de mots

Complétez avec les mots des familles d'*hiver*, *printemps*, *été*, *automne*.
a. La marmotte est encore en train d'h....... . **b.** La nature se régénère durant la saison h....... . **c.** Fin mars, des giboulées p...... arrosent les jardins.
d. Au mois d'août, la saison e...... bat son plein. **e.** Les brumes a...... apparaissent dès la fin du mois de septembre.

EXERCICE 4
Le niveau de langue
→ Fiche NOTION 30, p. 64

Identifiez le niveau de langue (familier, courant, soutenu).
a. La pluie. **b.** Une saucée. **c.** Une averse. **d.** Une ondée. **e.** Il pleut à verse.
f. Il pleut des cordes. **g.** Des trombes d'eau.

EXERCICE 5
Les suffixes
→ Fiche NOTION 27, p. 58

1. Sur le modèle suivant, créez les noms à partir des adjectifs en utilisant le suffixe qui convient.
Modèle : *un vent doux* → *la douceur du vent*.
a. un climat frais. **b.** un air tiède. **c.** un ciel lumineux. **d.** un matin clair.
e. la neige épaisse. **f.** une nature splendide. **g.** un hiver rigoureux.

2. Créez des noms à partir des verbes suivants en utilisant le suffixe qui convient.
a. jaunir. **b.** tournoyer. **c.** tourbillonner. **d.** refroidir. **e.** flamboyer. **f.** ruisseler. **g.** mugir.

EXERCICE 6
Les fruits de saison

À quelle saison (printemps/été ou automne/hiver) mangez-vous :
a. des figues. **b.** des cerises. **c.** des pommes. **d.** des fraises. **e.** des prunes.
f. du raisin. **g.** des pêches. **h.** des framboises. **i.** des châtaignes. **j.** des abricots.
k. des melons ?

J'écris

Pour rédiger, vous pouvez utiliser des mots de la valise.

EXERCICE 7
Expression minute

Quelle est votre saison préférée ? Pourquoi ? Dites ce qu'elle évoque pour vous.
Employez au moins cinq mots de la valise.

EXERCICE 8
Écrire le texte contraire

Réécrivez le texte du *Vilain petit canard* en commençant par : *Le printemps arriva*...
Vous effectuerez les modifications de vocabulaire qui conviennent. Employez les mots de la valise et, au besoin, le dictionnaire.

EXERCICE 9
Décrire un paysage

Décrivez un paysage que vous connaissez à différentes saisons (au moins deux).
Vous pouvez vous inspirer des photographies des pages 40 et 41.
Conseils :
- construisez un paragraphe par saison ;
- conservez les mêmes éléments de décor, faites varier les couleurs, le climat, la flore.

fiche THÈME 19 — Les paysages

J'observe

Lisez le texte et répondez aux questions.

Narcisse, fils d'une nymphe (déesse des eaux et des bois), est un jeune homme très beau et très orgueilleux. Un jour, il part à la chasse.

1   Il y avait dans la montagne une source aux eaux si calmes et si limpides que sa surface luisait comme une plaque d'argent. Jamais les bergers n'y avaient conduit leurs troupeaux, jamais même elle n'avait été effleurée par l'aile d'un oiseau, le mufle d'une bête sauvage, une simple branche
5   couverte de feuillage. Ses bords étaient tapissés de gazon et la forêt les protégeait de l'ardeur du soleil. Ce fut au bord de cette source qu'un jour Narcisse s'arrêta.

16 métamorphoses d'Ovide (2 à 8 après J.-C.), traduit et adapté du latin par Françoise Rachmühl © éd. Castor Poche Flammarion, 2003.

1. Quels sont les éléments naturels qui constituent le paysage décrit ?
2. Relevez dans la première phrase les deux adjectifs qui caractérisent les eaux de la source. Montrez que cette source demeure pure. Appuyez-vous sur les négations.
3. Quelle impression générale se dégage de ce lieu ?

Vers le col des Fenestres, parc national du Mercantour (Alpes du Sud).

Valise de mots

- **CAMPAGNE :** champ (d'avoine, de blé, de maïs, d'orge), pré, pâturage, prairie, verger (pommiers, cerisiers…), haie, coteau (= versant d'une colline) planté de vignes, meule de foin ; coquelicot, bouton d'or ; village, hameau, ferme ; vache, mouton, poule ; sentier, chemin.

- **MONTAGNE :** sommet, cime, mont, chaîne de montagnes, pente, ravin, à-pic, précipice, versant, vallée, val ; rocher, glacier ; sentier escarpé, raide, en lacet, chemin des crêtes ; chamois, marmotte, aigle ; edelweiss.

- **FORÊT :** futaie, fourré, buisson, bois, sous-bois, broussaille, arbuste ; orée, lisière, clairière, trouée ; pin, sapin, chêne, hêtre, bouleau, châtaignier ; mousse, fougère ; gland, champignon, mûre ; écureuil, renard, coucou ; forêt dense, boisée, touffue, clairsemée.

- **COURS D'EAU :** onde, fleuve, ruisseau, rivière, source, torrent, cascade, lac, mare, étang, marais, marécage ; roseau, peuplier ; couler, prendre sa source, serpenter ; rive, bord ; courant ; gué, pont.

- **MER :** → Fiche THÈME 20, p. 44.

Espaces naturels et citadins

Je m'entraîne

EXERCICE 1
Le vocabulaire des paysages

Complétez les pointillés avec le mot de la valise qui convient.
a. Une c...... est un endroit dégarni d'arbres dans une forêt. b. Un f...... est un massif touffu d'arbustes. c. Un e...... est une fleur de montagne couverte d'un duvet blanc et laineux. d. Une f...... est une forêt composée de grands arbres. e. Un g...... est un endroit d'une rivière où l'on peut passer à pied.
f. Un h...... est un groupe de maisons en dehors du village.

EXERCICE 2
Les synonymes
→ Fiche NOTION 30, p. 64

Associez chaque mot de la liste 1 à son synonyme dans la liste 2.
Liste 1 : bourg, précipice, pré, clairière, eau, lisière, chemin.
Liste 2 : sentier, orée, onde, prairie, trouée, village, ravin.

EXERCICE 3
Former des adjectifs

Complétez les pointillés pour former un adjectif issu des noms *champ*, *forêt*, *montagne*, *vallon*, *marécage*, *broussaille*, *roche*.
a. un paysage champ...... . b. un chemin for...... . c. une région mon..... ou vallo...... .
d. un terrain maré...... . e. un jardin brouss...... . f. une montagne roch...... .

EXERCICE 4
Les *Fables* de La Fontaine

Complétez ces vers de Jean de La Fontaine en choisissant les mots de la valise qui conviennent (la première et la dernière lettre ainsi que le nombre de lettres vous sont donnés).
a. Un agneau se désaltérait
   Dans le c _ _ _ _ _ t d'une o _ _ e pure.
b. Le long d'un clair r _ _ _ _ _ u buvait une colombe.
c. Nos gaillards pèlerins[1]
   Par m _ _ ts, par v _ _ x, et par ch _ _ _ _ s,
   Au g _ é d'une r _ _ _ _ _ e à la fin arrivèrent.

1. Il s'agit de deux ânes.

EXERCICE 5
Les homonymes
→ Fiche NOTION 29, p. 62

Remplacez les pointillés par le mot qui convient. Accordez-le si nécessaire.
a. [pin - pain] Dans les régions tropicales, un ...... de sucre est une montagne de granit. Nous avons acheté des meubles en ...... massif. b. [chaîne - chêne] *Le ...... et le roseau* est le titre d'une fable de La Fontaine. Au fond, on aperçoit une magnifique ...... de montagnes. c. [champ - chant] J'ai ramassé des fleurs des .... La campagne est égayée par le ...... des oiseaux. d. [mur - mûr - mûre] Les ...... poussent dans des haies de ronces. Les blés ne sont pas encore .... Le ...... de cette maison est recouvert de lierre.

J'écris

Pour rédiger, vous pouvez utiliser des mots de la valise.

EXERCICE 6
Écrire une carte postale

Au cours d'un séjour à la campagne ou à la montagne, vous êtes fasciné(e) par un paysage. Vous décidez d'envoyer une carte postale à un parent ou un ami, pour lui décrire le lieu et lui faire partager votre enthousiasme.
Utilisez au moins six mots de la valise.
Conseil : vous pouvez vous appuyer sur une vraie carte postale ou sur la photographie ci-contre.

fiche THÈME 20
La mer

J'observe

Lisez le texte et répondez aux questions.

Après la mort de son ami Enkidou, Gilgamesh a peur de mourir lui aussi et part « au bout du monde » à la recherche de l'immortalité.

1   Quelques jours après, il atteint un rivage.
– La mer ! s'exclame-t-il en tombant à genoux.
Une plage de sable fin, un ressac paisible, un ruban d'écume où chuchotent les coquillages.
5   – La mer d'eau salée qui encercle la terre habitée par les hommes[1]. Je suis aux confins du monde.
Il regarde l'horizon marin, il regarde le rivage et se laisse imprégner de l'énergie des lieux.
– Le pays d'Outa-naphishti l'Éternel[2] !
10   Au loin, une barrière de rochers ferme la plage. Gilgamesh la voit et une certitude jaillit en lui.
– Là-bas !
Il se relève et se précipite.
Les rochers dissimulent une crique protégée des vents.

L'Épopée de Gilgamesh (1500 av. J.-C.), adaptation de Jacques Cassabois
© Le livre de poche jeunesse, 2004.

1. *habitée par les hommes* : les Anciens croyaient que la terre était entourée par la mer.
2. *Outa-naphishti l'Éternel* : homme sage immortel.

Phare de La Vieille (Finistère, Bretagne).

1. Relevez les mots appartenant au champ lexical de la mer et de la plage.
2. Qu'est-ce qu'une *crique* (l. 14) ?
3. Relevez un adjectif appartenant à la famille du mot « mer ».
4. Quelle impression la mer produit-elle sur Gilgamesh ?

Valise de mots

- **BORDS DE MER :** rivage, plage, sable, galets, rochers ; dune, falaise ; digue (= construction qui fait obstacle aux vagues), jetée (= chaussée s'avançant dans la mer), port, quai, phare.

- **GÉOGRAPHIE :** côte (découpée, escarpée, plate) ; golfe (= avancée de la mer dans les terres), baie (= petit golfe), crique ; cap (= pointe de terre qui s'avance dans la mer) ; île, lagon.

- **COULEUR :** bleue, azur, argentée, grise, émeraude, turquoise, vert jade.

- **BRUIT ET ÉTAT DE LA MER :** gronder, hurler, mugir ; les vagues se brisent, déferlent ; la mer se ride, moutonne (= fait de l'écume) ; mer belle, calme, mer d'huile, mer agitée, démontée ; marée.

- **VAGUES :** vaguelettes, lames, creux ou crête de la vague, écume, ressac, embruns, rouleaux.

- **FLORE, FAUNE :** oiseaux des mers (→ Fiche THÈME 12, p. 28), poissons, coquillages, crustacés (crabe, crevette), algues, coraux.

44

Espaces naturels et citadins

Je m'entraîne

EXERCICE 1
Le champ lexical de la mer

Complétez les pointillés avec les mots de la valise qui conviennent.
a. Par temps de brouillard, les p...... guident les bateaux. b. C'est la tempête, la mer est d......, les vagues d...... sur la d...... . c. Nous avons ramassé des c...... et des c...... sur la p...... . d. Les surfeurs attendent l'arrivée de grosses v...... ou de gros r...... .

[GREC]
EXERCICE 2
Curiosités

En grec, « mer » se dit *thalassa*, « océan » se dit *ôkeanos* (nom d'une divinité marine).
a. Comment appelle-t-on les soins prodigués à base d'eau de mer ?
b. Comment appelle-t-on la science qui a pour objet l'étude des océans ?

EXERCICE 3
Les homonymes
→ Fiche NOTION 29, p. 62

Remplacez les pointillés par le mot qui convient.
a. [mer- maire - mère] La déesse Vénus est la ...... d'Énée. Poséidon est le dieu de la .... Le ...... a célébré trois mariages aujourd'hui. b. [golf - golfe] L'association sportive propose une initiation au .... Il a passé ses vacances en Bretagne, dans le ...... du Morbihan. c. [port - pores - porc] Le sanglier est un ...... sauvage. La ville de Marseille est réputée pour son .... À la fin du match, le joueur transpire de tous ses ....

EXERCICE 4
Les expressions et les proverbes

Cherchez le sens des expressions suivantes.
a. La marée noire. b. Un marin d'eau douce. c. Un vieux loup de mer. d. Une goutte d'eau dans la mer. e. Ce n'est pas la mer à boire. f. Avoir le pied marin.

EXERCICE 5
Les familles de mots
→ Fiche NOTION 26, p. 56

En latin, « mer » se dit *mare*. Remplacez les pointillés par des mots de la famille de *mer*.
a. Il faut protéger la faune et la flore .... b. Le naufrage du Titanic fut l'une des plus grandes catastrophes .... c. La ...... est une sauce faite à base de sel et d'huile dans laquelle on fait macérer de la viande ou du poisson. d. Les ...... naviguent sur les fleuves ou les canaux.

EXERCICE 6
Les figures de style
→ Fiche NOTION 33, p. 70

Identifiez et expliquez la comparaison, la métaphore, la personnification.
a. La mer brille comme un miroir. b. Le ventre bleu sombre des vagues.
c. Les flocons d'écume.

J'écris

Pour rédiger, vous pouvez utiliser des mots de la valise.

EXERCICE 7
Expression minute

Dites en quelques lignes ce qu'évoque pour vous la mer.
Conseils :
- commencez par : « *La mer !* » *m'exclamai-je...* ;
- utilisez au moins cinq mots de la valise.

EXERCICE 8
Raconter une tempête sur mer

Imaginez que vous êtes sur la plage ou que vous êtes parti(e) en mer, ou encore que vous êtes Ulysse sur son radeau... Le vent se lève brusquement, c'est la tempête ! Racontez l'épisode en une dizaine de lignes.
Conseils : utilisez au moins cinq mots appartenant au champ lexical de la tempête et une comparaison qui montrera la violence des éléments.

45

fiche THÈME 21
La ville

J'observe

Lisez le texte et répondez aux questions.

1. La nuit était tombée depuis longtemps sur la ville. Les maisons avaient avalé leurs habitants. Les voitures s'étaient endormies sur le bord des trottoirs. Le Chien marchait tout seul au milieu des rues. La lumière jaune des lampadaires lui faisait une ombre très noire. [...] « Allons bon, se dit-il,
5. voilà le sommeil. » Il choisit le plus confortable des bacs à fleurs de la place Garibaldi, creusa son nid parmi les géraniums, tourna six fois sur lui-même et s'enroula en poussant un soupir. « Mais, avant de m'endormir, il faut que je prenne une décision. » Il réfléchit quelques secondes encore. Un clocher sonna minuit au-dessus de la vieille ville.

Daniel Pennac, *Cabot-Caboche* (1982) © éd. Nathan.

1. Quels sont les éléments qui constituent le cadre urbain (= de la ville) ?
2. Montrez que les maisons et les voitures sont vivantes, voire inquiétantes.
3. En quoi la ville nocturne renforce-t-elle la solitude du Chien ?

Place du général De Gaulle, Lille.

Valise de mots

- **VILLE, POPULATION :** cité, capitale, agglomération, métropole, mégalopole, ville tentaculaire ; habitant, citadin, passant, foule, piéton, automobiliste, cycliste ; marcher, courir, circuler en rollers, en trottinette.

- **VOIES DE COMMUNICATION :** trottoir, rue, ruelle, passage, impasse, avenue, boulevard, carrefour, rond-point ; artère, périphérique ; fleuve, canal, pont, quai, berge.

- **GÉOGRAPHIE :** centre-ville, place, faubourg, quartier, arrondissement, vieille ville, banlieue, périphérie, zone industrielle.

- **CONSTRUCTIONS :** maison, immeuble, tour ; magasin, commerce, grand magasin, centre commercial ; palais de justice, mairie, caserne des pompiers, commissariat, hôpital, école, musée, théâtre, cinéma, gymnase, salle des fêtes, poste, gare, église, mosquée, synagogue, temple.

- **VIE URBAINE :** ville bruyante, trépidante ; embouteillage, pollution ; vitrine, enseigne, marché, néon, réverbère ; bureau, métro, autobus, taxi, tramway.

- **NATURE :** square, parc, espace vert, jardin, arbre, parterre de fleurs.

Espaces naturels et citadins

Je m'entraîne

EXERCICE 1
Les villes célèbres

Quelles villes se cachent derrière les expressions suivantes ?
a. la ville lumière. b. la ville rose. c. la ville éternelle. d. la capitale des Gaules.
e. la cité des doges. f. la Venise du nord. g. la cité des papes.

EXERCICE 2
L'étymologie
→ Fiche NOTION 25, p. 54

1. De quel mot grec signifiant « la cité » sont issus les mots ci-dessous ?
Vous donnerez leur sens précis.
a. politique. b. police. c. métropole. d. mégapole.

2. Cherchez l'origine des mots *banlieue*, *bus*, *cinéma*.

EXERCICE 3
Les familles de mots

Complétez les phrases avec des mots de la même famille,
issus du radical *urb-* (du latin *urbs*, *urbis* : « la ville »).
a. Beaucoup de gens habitent en ville, la population ...... a augmenté.
b. C'est un ...... de renom qui a aménagé la ville.
c. Avec l'apparition de la ville nouvelle, la région s'est ...... rapidement.

EXERCICE 4
Les homonymes
→ Fiche NOTION 29, p. 62

1. Les noms « voie » (du latin *via*) et « voix » (du latin *vox*) sont deux homonymes.
Employez chacun d'eux dans la phrase qui convient.
a. Prenez la ...... sur berge, elle est plus rapide. b. Il est enroué, il a perdu sa ....

2. Employez chacun des mots suivants dans deux phrases avec deux sens
différents (l'un des sens sera en rapport avec la ville).
a. une artère. b. une impasse. c. la circulation.

EXERCICE 5
Classer les villes

Classez les villes : ville portuaire, ville d'eau, capitale, ville universitaire.
a. Stockholm. b. Vichy. c. Oxford. d. Marseille. e. Gênes. f. Londres.
g. Toulouse. h. Évian.

EXERCICE 6
Le sens des expressions

Donnez le sens des expressions suivantes.
a. intra-muros. b. extra-muros. c. cité dortoir. d. ville frontalière.
e. ville tentaculaire. f. pâté de maisons. g. passage protégé. h. un riverain.

J'écris

Pour rédiger, vous pouvez utiliser des mots de la valise.

EXERCICE 7
Expression minute

Poursuivez le texte de D. Pennac avec quelques phrases. Le Chien traverse
un autre quartier, de jour. Utilisez au moins huit mots de la valise.

EXERCICE 8
Décrire en une phrase

Décrivez une ville en une phrase sur le modèle suivant.
Modèle : Qu'elle est belle [ou Qu'elle est triste] ma [ou cette] ville avec ses
[ou son ou sa] ..., ses ... et son [ou sa ou ses] ... !

EXERCICE 9
Décrire pour convaincre

Vous écrivez une lettre à un ami pour l'inciter à venir visiter votre ville
(ou une ville que vous aimez). Présentez une description convaincante.
Conseils : vous pouvez utiliser le futur (*tu verras*) et un vocabulaire mélioratif
(valorisant).

ÉVALUATION ET JEUX 4 ▶ p. 77

fiche THÈME 22
L'art grec

J'observe

Lisez le texte et répondez aux questions.

1. *céramiques* : objets en terre cuite.
2. *sanctuaires* : temples.
3. *archaïques* : très anciennes.
4. *fronton* : partie ornée, au-dessus de l'entrée d'un édifice.

1   Les premières formes artistiques proprement grecques sont des poteries : entre le VIIe et le Ve siècle avant J.-C., les artisans savent déjà modeler des céramiques[1] aux formes complexes et délicates. Ils mettent au point la technique du décor noir sur fond rouge, puis celle du décor rouge sur fond
5   noir. La sculpture apparaît aussi très tôt, et les premiers sanctuaires[2] s'ornent des statues archaïques[3] du *kouros*, le jeune homme, et de la *korê*, la jeune fille. Le modèle du temple se répand aussi : une colonnade soutient un fronton[4] triangulaire, et fait souvent le tour d'une construction rectangulaire, à l'intérieur de laquelle sont conservés le trésor et la statue sacrée
10 de la divinité à qui est voué l'édifice.

L'Histoire de l'Art (2007), L'Encyclopédie des Jeunes © éd. Larousse, rédaction Jérôme Picon.

1. Quels sont les trois arts évoqués ?
2. Quelles sont les deux techniques utilisées dans l'art de la céramique ?
3. Quelles statues ornent les premiers sanctuaires ?
4. Quels sont les principaux éléments qui constituent le temple grec ?

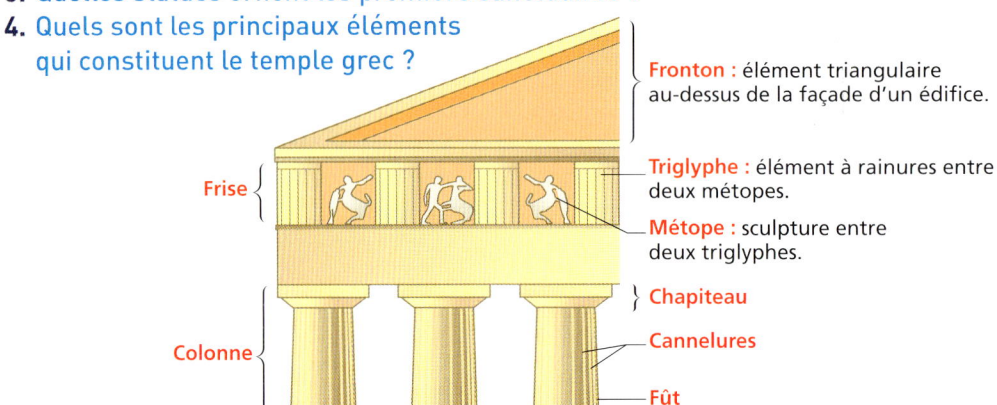

Frise
Colonne

Fronton : élément triangulaire au-dessus de la façade d'un édifice.
Triglyphe : élément à rainures entre deux métopes.
Métope : sculpture entre deux triglyphes.
Chapiteau
Cannelures
Fût

D'après la façade du Parthénon (Athènes, Grèce).

Valise de mots

- **SCULPTURE :** le sculpteur taille, cisèle, polit ; formes, proportions, attitudes, draperies ; bas-relief, ronde-bosse, haut-relief, buste ; marbre, ivoire, bronze, bois ; original, copie. **Sculpteurs :** Phidias, Praxitèle, Myron, Polyclète.

- **ARCHITECTURE :** l'architecte conçoit un projet, trace des plans, bâtit, édifie ; naos (= pièce centrale du temple), péristyle ; marbre (du mont Pentélique), calcaire, pierre, poutres en bois → voir également schéma ci-dessus. **Architectes :** Callicratès et Ictinos.

- **CÉRAMIQUE (VASES, COUPES…) :** le potier façonne, le peintre décore ; terre cuite, vernis ; décoration, motifs ; figures noires, figures rouges ; amphore (= vase à deux poignées servant à la conservation des liquides), cratère (= vase à large embouchure qui sert à mélanger l'eau et le vin), œnochoé (= qui comporte un bec verseur pour servir la boisson).

Arts et culture

Je m'entraîne

EXERCICE 1
L'art de la statuaire

Retrouvez dans la valise de mots (rubrique « Sculpture ») le nom de la statue correspondant à chacune de ces définitions. Aidez-vous de votre manuel d'Histoire.
a. Une statue autour de laquelle on peut tourner. **b.** Une statue représentant la tête et le torse d'un personnage. **c.** Une sculpture légèrement en relief sur un fond support. **d.** Une statue faite en marbre. **e.** Une sculpture adossée à un fond support et largement en relief.

EXERCICE 2
L'art de la céramique

À partir des définitions qui vous sont données dans la valise (rubrique « Céramique »), identifiez le nom des vases reproduits ci-contre.

EXERCICE 3
[B2i]
Les sculpteurs grecs

Cherchez sur Internet (et aidez-vous des noms donnés dans la valise de mots) qui a sculpté :
a. L'Athéna Parthénos. **b.** L'Aphrodite de Cnide. **c.** Le Discobole (lanceur de disque). **d.** Le Doryphore (porte-lance).

EXERCICE 4
Les colonnes et les styles

Complétez les définitions en vous aidant des schémas reproduits ci-contre et page 48.
a. Une colonne est constituée du …… (partie principale) et du …… (partie élargie au sommet).
b. Les colonnes de style …… sont massives avec des cannelures larges et un …… non décoré.
c. Les colonnes de style …… sont fines avec des cannelures serrées et un …… à volutes.

Style dorique   Style ionique

EXERCICE 5
[HISTOIRE]
Le Parthénon

Complétez ce texte en vous aidant de la valise de mots et des racines grecques données entre crochets.
Le [de *parthénos* = « la jeune fille, la vierge »] P…… est un édifice bâti sur l'Acropole d'Athènes en l'honneur de la déesse protectrice de la cité, A…… Parthénos. C'est un temple à péristyle [de *peri* = « autour », et *stulos* = « colonne »], c'est-à-dire entouré de ……, construit en m…… du Pentélique. Le sculpteur Ph…… et les architectes I…… et C…… en ont été les maîtres d'œuvre. Dans le ……, ou pièce centrale, se trouvait la colossale statue chryséléphantine [de *khrusos* = « or », et *elephas* = « ivoire »] de la déesse, en …… et en …… . Il existe aujourd'hui plusieurs c…… de cette statue disparue.

J'écris

Pour rédiger, vous pouvez utiliser des mots de la valise.

EXERCICE 6
Décrire une œuvre

Choisissez dans votre manuel d'Histoire ou de Français (ou sur Internet, sur le site du musée du Louvre, par exemple : www.louvre.fr) une statue ou un vase antique. Décrivez l'œuvre en quelques phrases en utilisant au moins trois mots de la valise et donnez les raisons de votre choix.

49

fiche THÈME 23
L'univers du livre et de la lecture

J'observe

Lisez le texte et répondez aux questions.

1 – Sais-tu, reprit Mme Folyot, que dans les bibliothèques publiques comme celle-ci, il est possible d'emprunter des livres et de les emporter chez soi ?
– Mais non, je ne savais pas, dit Matilda. Cela veut dire que je peux en emporter, *moi* ?
5 – Bien sûr, dit Mme Folyot. Quand tu as choisi le livre que tu désires, tu me l'apportes que je puisse le noter dans le cahier et il est à toi pour quinze jours. Tu peux même en prendre plus d'un si tu en as envie. [...]
La plupart du temps, elle[1] préparait du chocolat, réchauffant le lait dans une casserole sur le fourneau avant d'y jeter le cacao. Il n'y avait rien de
10 plus agréable que de boire un chocolat à petites gorgées en lisant.
Les livres la transportaient dans des univers inconnus et lui faisaient rencontrer des personnages hors du commun qui menaient des vies exaltantes.

Roald Dahl, Matilda (1988), traduit de l'anglais par H. Robillot
© éd. Gallimard © Roald Dahl Nominee Ltd., 1988.

1. *elle* : Matilda.

1. Relevez le vocabulaire qui se réfère au livre et à la lecture.
2. Quel est le rôle d'une bibliothèque ?
3. Que provoque la lecture chez Matilda ?
   Comment fait-elle de la lecture un moment de plaisir ?

Valise de mots

- **LIVRE :** volume, bouquin (*familier*), tome ; première de couverture, quatrième de couverture, dos, tranche, page (*ou* folio) ; mise en page ; sommaire (*ou* table des matières), index, chapitre.

- **RÉFÉRENCES D'UN LIVRE :** titre, auteur, traducteur, illustrateur, éditeur, nom de la collection, année de parution, code-barres.

- **CATÉGORIES DE LIVRES :** littérature de jeunesse, littérature classique ; conte, roman animalier, roman policier, roman de société, roman d'aventures, recueil de poèmes, ouvrage documentaire, bande dessinée, manga.

- **BIBLIOTHÈQUE :** usuel, dictionnaire, encyclopédie ; cote (= classement sous forme de lettres ou de numéros) ; rayonnage.

- **MÉTIERS DU LIVRE :** écrivain, illustrateur, éditeur, maquettiste, libraire, bouquiniste, imprimeur, relieur, bibliothécaire.

- **LECTURE :** lire, feuilleter, parcourir, dévorer un livre ; signet, marque-page.

- **PORTER UN JUGEMENT SUR UN LIVRE :** chef-d'œuvre, livre captivant, passionnant, ennuyeux, difficile, triste, émouvant, drôle, humoristique, empli de suspense, poétique.

Arts et culture

Je m'entraîne

EXERCICE 1
Curiosités

Qu'est-ce qu'un livre d'or ? un livre de bord ? un livre de chevet ? un livre d'art ?

EXERCICE 2
Différents livres du CDI

1. **a.** À la bibliothèque ou au CDI, quelles catégories de livres trouvez-vous dans le rayon des usuels ? Les usuels peuvent-ils être empruntés ?
b. Quel genre de livre porte la cote C ? la cote P ? la cote R ? la cote T ?
2. Quelle différence faites-vous entre un dictionnaire et une encyclopédie ?
3. Observez vos manuels scolaires. Relevez les noms des éditeurs et les titres de ces manuels.

EXERCICE 3
Le suffixe -thèque
→ Fiche NOTION 27, p. 58

Le mot « bibliothèque » vient du grec *biblion* (qui signifie « livre ») et *thêkhê* (qui signifie « lieu où l'on dépose »). Donnez la définition des mots suivants.
a. médiathèque. **b.** discothèque. **c.** cinémathèque. **d.** pinacothèque. **e.** ludothèque.

EXERCICE 4
Repérages

1. Où se trouve le sommaire (aussi appelé table des matières) du manuel *Vocabulaire 6ᵉ* que vous avez entre les mains ?
2. Combien ce manuel comporte-t-il de pages ? de parties ? de fiches ?
3. À quelle page figure l'étude sur les synonymes ?
4. Si vous devez faire une rédaction sur le loup, à quelle page trouverez-vous une liste de mots pour vous aider ?

EXERCICE 5
Des mots latins

1. Certains mots du vocabulaire du livre sont des mots latins. Dites ce que sont :
a. un addenda. **b.** un erratum. **c.** un incipit. **d.** un index.
2. Quel est le sens du nom de collection « Librio » ? du nom de collection « Folio » ?

EXERCICE 6
Les homonymes
→ Fiche NOTION 29, p. 62

1. Quel est le sens des mots suivants quand ils font partie du vocabulaire du livre ou de la lecture ?
a. volume. **b.** page. **c.** dos. **d.** tranche. **e.** coquille. **f.** index.
2. Quand ces mots ne font pas partie du vocabulaire du livre ou de la lecture, quel est alors leur sens (plusieurs réponses sont parfois possibles) ?

J'écris

Pour rédiger, vous pouvez utiliser des mots de la valise.

EXERCICE 7
Expression minute

Comment choisissez-vous un livre quand vous allez dans une librairie, dans une bibliothèque ou au CDI ? Décrivez les gestes que vous faites, dites ce que vous regardez, ce qui vous attire dans un livre.

EXERCICE 8
Écrire une lettre à un écrivain

Vous avez aimé un livre et vous écrivez à son auteur (quelle que soit son époque). Vous exprimez ce que vous avez ressenti à la lecture de son livre, vous lui dites ce qui vous a plu, moins plu, ce que vous auriez aimé y trouver en plus... Aidez-vous du vocabulaire proposé dans la valise de mots pour porter un jugement.

51

fiche THÈME 24
La musique

J'observe

Lisez le texte et répondez aux questions.

1. *maître* : son professeur.
2. *les novices* : les débutants.

Tristan, qui savait encore à peine lire, apprit le solfège en un temps record. Il déchiffrait avec gourmandise les portées de musique comme d'autres enfants dévorent les phrases d'un conte aimé. C'est ainsi que la partition du petit opéra de Mozart, *Bastien et Bastienne*, fut longtemps son livre de chevet préféré. Dès son premier contact avec le violon, il sut épargner aux oreilles du maître[1] et de la famille la plupart de ces bruits grinçants que les novices[2] arrachent à leur instrument.

Michel Grimaud, *Le Violon maudit* (2000) © éd. Gallimard-Jeunesse.

1. Quels mots appartiennent au domaine de la lecture musicale ?
2. Quel compositeur Tristan aime-t-il ? quelle œuvre en particulier ?
3. De quel instrument joue-t-il ? Quelle qualité de jeu montre-t-il dès le départ ?

Valise de mots

- **FORMES ET STYLES MUSICAUX :** chanson, concerto (pour un ou plusieurs instruments solistes et orchestre), opéra, quatuor, symphonie (= composition pour un grand orchestre) ; musique classique, populaire, électronique ; jazz, pop, rock and roll, disco, techno, rap, R'n'B.

- **INSTRUMENTS :** à cordes (violon, guitare, harpe), à cordes et à clavier (piano, clavecin), à percussion (batterie, cymbale, xylophone), à vent (en bois : basson, clarinette, flûte ; en cuivre : cor, saxophone, trompette), anciens (luth, viole), électriques (guitare), électroniques (synthétiseur).

- **MUSICIENS :** chanteur, choriste, soliste (= qui joue seul), instrumentiste, compositeur, chef d'orchestre, orchestre.

- **JEU :** accorder son instrument, interpréter, exécuter une œuvre, un morceau, improviser ; jouer juste, faux, en mesure, faire un couac (= fausse note) ; sons harmonieux, rythmiques, expressifs, mélodieux, nuancés, sensibles, passionnés.

- **LES NOTES DE MUSIQUE :** do, ré, mi, fa, sol, la, si.

Arts et culture

Je m'entraîne

EXERCICE 1
Devinette

La suite de notes ci-dessous correspond à une phrase cachée.
Saurez-vous la retrouver ?
Conseil : lisez les notes à voix haute.
do mi si la do ré si fa si la si ré si la si ré do ré !

[B2i]
EXERCICE 2
Un peu de mythologie

Le mot « musique » vient du grec *mousikê*, « l'art des Muses ».
Faites les recherches suivantes sur Internet.
1. Qui sont les neuf Muses ? Retrouvez leurs noms.
2. Qui était la Muse de la musique ?
3. Qui était Orphée ? Quel était son pouvoir ?
4. Qui est le dieu de la musique ?

[MUSIQUE]
EXERCICE 3
Les métiers de la musique

1. Comment appelle-t-on les musiciens qui jouent :
a. du piano. **b.** du violon. **c.** de la batterie. **d.** de la trompette.
e. de la contrebasse. **f.** du tambour. **g.** de l'orgue. **h.** du jazz ?

2. Qu'est-ce qu'un luthier ?

EXERCICE 4
Les accessoires

À quoi servent les accessoires suivants ?
a. le métronome. **b.** la sourdine. **c.** le diapason. **d.** le pupitre.
e. la baguette du chef d'orchestre. **f.** l'archet.

EXERCICE 5
L'origine géographique des mots

À quel pays (ou région, ou ville) est associé chacun des mots suivants ?
S'agit-il à chaque fois d'une chanson, d'un genre de musique ou d'une danse ?
a. le flamenco. **b.** une barcarolle. **c.** un lied. **d.** le blues. **e.** la bossa-nova.
f. une mazurka. **g.** une bourrée. **h.** le raï.

EXERCICE 6
Les expressions et proverbes

Imaginez une situation où vous diriez à votre interlocuteur :
a. Avec toi, c'est toujours la même chanson ! **b.** Change de musique, s'il te plaît !
c. Ça va, je connais la musique ! **d.** Tu es réglé comme du papier à musique !
e. Accordons nos violons.

EXERCICE 7
Compléter un texte

Complétez les pointillés avec les mots de la valise qui conviennent.
L'o...... va bientôt i...... la neuvième s...... de Beethoven. Tous les musiciens a...... leurs instruments. Le c...... d'...... arrive avec sa baguette à la main. Tous jouent en m......, mais le premier violon fait un c...... . Une de ses c...... vient de se casser !

J'écris

Pour rédiger, vous pouvez utiliser des mots de la valise.

EXERCICE 8
Faire part de ses impressions

Vous jouez déjà d'un instrument de musique, ou vous souhaitez apprendre à jouer d'un instrument. Dites de quel instrument il s'agit et l'intérêt que vous trouvez à en jouer (ou que vous pourriez y trouver).

EXERCICE 9
Décrire un musicien en action

Racontez le concert de votre chanteur ou chanteuse préféré(e) (spectacle vivant ou émission télévisée) : son arrivée sur scène, le tour de chant, les rappels avant son départ. Décrivez l'ambiance dans la salle, les musiciens, la mise en scène du spectacle, ce qui vous a plu. Appuyez-vous sur le dessin.

ÉVALUATION ET JEUX 5 ▶ p. 78

fiche NOTION 25
L'origine des mots

J'observe

Lisez le texte et répondez aux questions.

Un drôle de repas

Nous avons commencé par des nems, puis avons poursuivi par un steak accompagné de polenta et de tomates au four. Nous avons ensuite savouré un peu de gorgonzola et des fruits : abricots, kiwis et bananes. Enfin, par gourmandise, nous avons goûté un tout petit morceau de cake au chocolat avec un bon café.

1. Sans regarder dans le dictionnaire, essayez de trouver la langue d'origine des mots en couleur.
2. Puis, vérifiez vos réponses dans le dictionnaire ou dans les listes ci-dessous (« Je retiens »). Que peut-on dire de l'origine des mots français ?

Je retiens

▶ L'**étymologie** est l'étude de l'**origine des mots** et de leur **évolution**.

▶ La langue française comporte un **fonds primitif** constitué de quelques mots **gaulois** (termes de la vie rurale), de mots **latins**, déformés par le peuple lors de la conquête romaine, et de **mots d'origine germanique** (= allemand ancien), introduits lors des invasions germaniques du VIe siècle.
Gaulois : *chêne, alouette.*
Latin : *jour, terre, livre.*
Germanique : *guerre, bourg, hache.*

▶ Certains **mots latins** n'ont pas changé de forme (excepté l'ajout d'accents).
EX : *alibi, rébus, référendum, ex æquo, lavabo, maximum, minimum.*

▶ Au cours des siècles, le français s'est enrichi de **mots empruntés** à d'**autres langues**.
Grec : *hippodrome, téléphone, thalassothérapie, archéologue.*
Anglais : *cake, clown, cool, football, jean, jogging, look, match, meeting, steak, stock, tunnel, week-end.*
Allemand : *accordéon, handball, valse, vasistas.*
Arabe : *algèbre, chiffre, matelas, sirop, zéro.*
Espagnol : *abricot, banane, chocolat, corrida, guitare, moustique, sieste, tomate.*
Italien : *balcon, banque, café, gorgonzola, opéra, solfège.*
Japonais : *judo, kimono.*
Russe : *steppe.*
Les mots *kayak* et *igloo* viennent de l'**inuit**, la langue des esquimaux, *ski* et *slalom* du **norvégien**, *kiwi* du **néo-zélandais** et *nem* du **vietnamien** !

Notions

Je m'entraîne

EXERCICE 1
Mots de toutes origines

Trouvez dans « Je retiens » les mots correspondant aux définitions et donnez leur origine.
a. Insecte qui pique ! b. Sport qui se joue à la main avec un ballon rond. c. On peut la faire l'après-midi. d. Toile bleue en coton utilisée pour confectionner des vêtements. e. Parfois, le suspect ne peut pas en fournir. f. Sport de combat d'origine japonaise.

EXERCICE 2
Nous parlons le latin !

Complétez les phrases avec des mots latins figurant dans « Je retiens ».
a. Ces deux coureurs sont arrivés .... b. Le ...... de la salle de bains est bouché. c. La réduction du mandat du président de la République de 7 ans à 5 ans a été décidée par .... d. Je n'arrive pas à trouver la phrase cachée dans ce .... e. Pour être léger, le cartable doit être chargé au ...... et non pas au ....

EXERCICE 3
Nous parlons aussi le grec !

À partir des racines grecques suivantes, retrouvez le nom de sept disciplines enseignées au collège.
a. *ortho* : correct ; *graphein* : écrire. b. *bio* : vie ; *logos* : étude de. c. *gramma* : lettre. d. *technê* : art, technique. e. *mousikê* : art des Muses. f. *arithmos* : nombre. g. *historia* : enquête.

EXERCICE 4
Compter sur ses doigts

1. Donnez le nom de chacun des cinq doigts de la main.
2. Cherchez leur nom latin d'origine et leur sens.

EXERCICE 5
Nous parlons l'anglais !

Remplacez le mot en gras par un mot français équivalent.
Changez le genre si nécessaire et faites les accords qui s'imposent.
a. Elle est **cool** ! b. Cette boutique a un **look** très moderne. c. Mon **stock** de bonbons s'épuise ! d. Ce **meeting** sportif fut passionnant. e. Ce **cake** aux fruits est délicieux. f. Elle fait du **jogging** tous les matins.

EXERCICE 6
Du français à l'anglais

Trouvez l'équivalent anglais de chacune des expressions françaises suivantes.
a. entraîneur. b. maillot de coton. c. courriel. d. comique de cirque qui fait des farces. e. fin de semaine. f. tranches de pain garnies de nourriture froide. g. sport de ballon opposant deux équipes de onze joueurs. h. gomme à mâcher.

EXERCICE 7
Les abréviations mystérieuses

Quel est le sens des abréviations en gras ? De quelle langue sont-elles issues ? Quelle est l'abréviation intruse ?
a. Après **etc.**, ne mettez pas de points de suspension. b. Le boxeur est **K.-O.** sur le ring. c. Son employeur lui a demandé un **C.V.** complet. d. J'ai terminé ma lettre par un **P.-S.** un peu long.

J'écris

EXERCICE 8
Parler toutes les langues

À la manière du texte proposé dans la rubrique « J'observe », composez un paragraphe employant une dizaine de mots issus d'autres langues que le français.

fiche NOTION 26
Les famille de mots, les préfixes

J'observe

Lisez les séries de mots et répondez aux questions.

Série 1
information, transformable, uniformément, difformité, déformation.

Série 2
informer, réformer, déformer, transformer, se conformer.

1. Observez les mots de la série 1. Identifiez l'élément commun (ou radical) de tous ces mots.
2. Observez les mots de la série 2. Identifiez leur préfixe (élément placé devant le radical).
3. Observez le sens des verbes de la série 2 et dites quel est le rôle d'un préfixe pour le sens d'un mot.

Je retiens

▶ Le **radical** est l'**élément de base** qui exprime le sens principal du mot. On crée des mots nouveaux en ajoutant des **préfixes** ou des **suffixes** (→ Fiche NOTION 27, p. 58) au **radical**.

▶ Les mots qui ont le même radical appartiennent à la même **famille**.
EX : *forme, information, déformer.*
Un même radical peut prendre des formes différentes.
EX : *fleuriste, floraison.*

▶ Le **préfixe** est un élément qui se place devant le radical pour en modifier le sens.
Les préfixes proviennent du **latin** ou du **grec**, voici quelques exemples.

Préfixes d'origine latine	Sens	Exemples
ad-, ac-, af-, ap-, ar-	vers	**ad**joint, **ac**courir, **ap**porter, **ar**river
co-, col-, com-, con-	avec	**com**pagnon, **col**laborer, **con**frère
dé-, dés-	négation, contraire	**dé**faire, **dés**honneur
in-, im-, il-, ir-	privé de	**in**exact, **im**mobile, **il**limité, **ir**responsable
mal-, mé-, mes-	mal	**mal**adroit, **mé**dire, **més**entente
pré-	avant	**pré**histoire
re-	à nouveau	**re**dire
sur-, super-	au-dessus, extrêmement	**sur**passer, **super**poser
trans-	à travers	**trans**atlantique

Préfixes d'origine grecque	Sens	Exemples
anti-	contre, opposé à	**anti**gel
hyper-	au-dessus, extrêmement	**hyper**marché
para-	contre	**para**pluie
péri-	autour	**péri**mètre
télé-	loin	**télé**vision

Je m'entraîne

EXERCICE 1
Jeu des trois familles

Regroupez les mots suivants en trois familles.
fleur, paix, clair, floraison, paisiblement, clairement, pacifique, clarifier, fleurir, fleuriste, clarté, apaiser, éclaircir, florissant, pacifier.

EXERCICE 2
Créer une famille

Trouvez des mots (au moins quatre) de la famille des mots suivants. Aidez-vous de leur origine latine donnée entre parenthèses.
a. mer (*mare*). b. terre (*terra*).
c. sel (*sal*). d. air (*aer*).
e. nom (*nomen*).

EXERCICE 3
Décomposer un mot

Donnez le sens des mots à partir du sens de leur préfixe et de leur radical que vous identifierez.
a. parasol. b. affronter. c. antimite. d. surhumain. e. coéquipier. f. antonyme.
g. télécommande.

EXERCICE 4
Les antonymes
→ Fiche NOTION 30, p. 64

À l'aide des préfixes *in-*, *mal-* et *dé-*, écrivez le contraire des adjectifs suivants. Attention, le préfixe peut être modifié au contact du radical (voir tableau dans « Je retiens »).
a. satisfait. b. heureux. c. possible. d. logique. e. favorable. f. responsable.
g. obéissant. h. content.

EXERCICE 5
Chasser l'intrus

Dans chaque série, tous les mots ont un préfixe sauf un. Lequel ?
Série 1 : a. prévoir. b. prévenir. c. presser. d. pressentir.
Série 2 : a. périmètre. b. périssable. c. périphérie. d. périscope. e. péristyle.

EXERCICE 6
Utiliser des préfixes

Trouvez les mots correspondant aux définitions suivantes. Quels préfixes avez-vous utilisés ?
a. Porter à l'extérieur d'un pays. b. Porter à l'intérieur d'un pays. c. Porter à quelqu'un. d. Porter d'un lieu à un autre. e. Renvoyer à plus tard la remise d'un devoir. f. Prendre avec soi et porter hors d'un lieu.

J'écris

EXERCICE 7
Allégez vos expressions écrites !

Remplacez les expressions en gras par un seul mot commençant par un préfixe.
a. Il faut **enlever le clou de** cette planche ! Cela pourrait **passer à travers** la main de quelqu'un. b. Ce camping est **beaucoup trop peuplé** ! Les vacances risquent de **ne pas être agréables**. c. Vous n'êtes **pas très logique** ! Vous devez d'abord **enlever tout ce qui bouche** le tuyau de l'évier. d. Vos prévisions **ne sont pas exactes**. Vous devrez bientôt **planter à nouveau** des arbres sur toute cette surface.

fiche NOTION 27 — Les suffixes

J'observe

Lisez la liste de mots et répondez aux questions.

Liste

color**er**, color**ation**, color**é**, color**ier**, color**iage**, color**is**, color**ié**.

1. Tous ces mots ont le même radical. Lequel ?
2. Classez les mots en noms, verbes et adjectifs.
3. En vous aidant du classement précédent, dites quel est le rôle des suffixes.

Je retiens

▶ Le **suffixe** est un élément que l'on place **après le radical** (→ Fiche NOTION 26, p. 56) et qui permet de créer d'autres mots : des **noms**, des **adjectifs**, des **verbes** et des **adverbes** (avec le suffixe -ment).

EX : *noir* (adjectif) → *noir**cir*** (verbe), *noir**ceur*** (nom) ; *glace* (nom) → *glac**er*** (verbe), *glac**ial*** (adjectif) ; *diviser* (verbe) → *divi**sion*** (nom), *divi**sible*** (adjectif).

▶ Attention : l'utilisation d'un suffixe **modifie** parfois le **radical**. **EX** : *clair* → *clarté*.

▶ Voici quelques **suffixes** servant à former des **noms** :

Suffixes	Sens du suffixe	Exemples
-age, -ade	action, son résultat	mari**age**, baign**ade**
-tion, -ssion, -ment, -ure	action, son résultat	appari**tion**, discu**ssion**, gémisse**ment**, lect**ure**
-âtre, -ard(e)	péjoratif	mar**âtre**, chauff**ard**
-esse	qualité, nom abstrait	sag**esse**, trist**esse**
-eau, -et(te), -on	diminutif	souric**eau**, jardin**et**, maisonn**ette**, ours**on**
-er (-ère), -ier (-ière), -eur (-euse), -iste, -ien (-ienne), -in	métier	bouch**er**, coiff**eur**, mécanic**ienne**, mar**in**
-té, -eté, -ité	qualité, état	bon**té**, solid**ité**

▶ Voici quelques **suffixes** servant à former des **adjectifs** :

Suffixes	Sens du suffixe	Exemples
-able, -ible, -uble	possibilité	support**able**, lis**ible**, sol**uble**
-âtre	ressemblance incomplète, souvent dépréciatif	blanch**âtre**
-en(ne), -ien(ne), -ais(e), -ois(e), -on(ne)	provenance, origine	pyrén**éen**, paris**ien**, sénégal**aise**, niç**ois**, bret**onne**
-eux (-euse), -esque, -ique, -al(e)	caractéristique, qualité	peur**eux**, gigant**esque**, maléf**ique**, coloss**ale**

Je m'entraîne

EXERCICE 1
Les noms de métiers

En ajoutant six suffixes différents aux noms suivants, formez six noms de métiers (et donnez le nom au féminin quand il est différent).
a. dent. **b.** musique. **c.** costume. **d.** restaurant. **e.** laboratoire. **f.** fromage.

EXERCICE 2
Les suffixes de noms

Transformez l'adjectif en nom selon l'exemple suivant :
EX : *la salle immense* → *l'immensité de la salle*.
a. la chambre propre. **b.** la voiture robuste. **c.** le parking gratuit. **d.** le geste adroit. **e.** le ticket valide.

EXERCICE 3
Des noms d'actions

En choisissant le bon suffixe, formez des noms d'actions à partir des verbes suivants.
EX : L'action de *se baigner* est une *baignade*.
a. déménager. **b.** arroser. **c.** démolir. **d.** supprimer. **e.** glisser. **f.** mordre.

EXERCICE 4
Les suffixes diminutifs

En utilisant le bon suffixe, formez le diminutif des noms suivants.
a. âne. **b.** éléphant. **c.** coffre. **d.** cuve. **e.** chat. **f.** lion. **g.** aigle. **h.** planche.

EXERCICE 5
Les suffixes d'adjectifs

Remplacez les pointillés par un adjectif formé à l'aide des suffixes *-ible*, *-uble* ou *-able*. L'adjectif à trouver est de la même famille que le mot en gras.
a. Nous ne **disposons** plus de cet article, il est .... **b.** On ne peut lui **reprocher** quoi que ce soit, elle est .... **c.** Je ne peux pas **boire** ce sirop, il est .... **d.** Il n'y a pas de **solution** à ce problème : il est .... **e.** On ne peut **effacer** cette encre, elle est .... **f.** On ne peut **admettre** votre conduite, elle est .... **g.** On ne peut **résister** au charme de ce petit chat, il est ....

EXERCICE 6 [GÉO]
Noms géographiques

Remplacez le complément du nom par l'adjectif correspondant.
a. l'accent de Marseille. **b.** le vignoble de Champagne. **c.** une forêt des Vosges. **d.** le climat des Antilles. **e.** une spécialité de Lille. **f.** la cuisine de Bourgogne. **g.** une horloge de Franche-Comté. **h.** une plage de Polynésie.

EXERCICE 7
Les suffixes d'adjectifs

1. À partir de chacun des noms suivants, formez un adjectif.
a. nuage. **b.** volcan. **c.** abdomen. **d.** roman. **e.** cube. **f.** peur. **g.** hiver. **h.** titan.

2. Choisissez deux de ces adjectifs et employez-les dans deux phrases qui mettront en valeur leur sens.

J'écris

EXERCICE 8
Écrire un petit texte

Écrivez un petit texte (fable, extrait de conte, poème...) dans lequel vous utiliserez au moins cinq mots comportant un suffixe diminutif.
Conseils :
- constituez une liste de mots comportant un suffixe diminutif (aidez-vous d'un dictionnaire de rimes qui donne les terminaisons), puis effectuez votre choix ;
- pensez aux petits des animaux ;
- donnez un titre à votre texte.

fiche NOTION 28
Les mots composés, les sigles et abréviations

J'observe

Lisez chacune des séries et répondez aux questions.

Série 1 : des mots composés
millefeuille, pomme de terre, chou-fleur.

Série 2 : des mots composés
agriculture, géographie.

Série 3 : des abréviations
météo, bus, pub.

Série 4 : des sigles
USA, SPA, NB.

Ci-dessus et page 61 : dessins de Philippe Geluck, *Le Chat*, 1999, 9999 © éd. Casterman.

1. Relevez les deux mots qui composent chaque nom de la série 1. Retrouvez les procédés qui permettent de les réunir : préposition, soudure, trait d'union.
2. De quelles langues anciennes les mots composés de la série 2 proviennent-ils ?
3. Réécrivez les noms de la série 3 en entier.
4. Retrouvez les mots qui correspondent à chacun des trois sigles (suite d'initiales servant d'abréviations) de la série 4. Identifiez leur langue d'origine (français, latin, anglais).

Je retiens

LA COMPOSITION

▶ Un mot composé est constitué d'au moins deux mots réunis par un des trois moyens suivants :
- la **soudure**, **EX** : *portemanteau* (verbe + nom),
- une **préposition**, **EX** : *chemin de fer* (nom + préposition + nom),
- un **trait d'union**, **EX** : *timbre-poste* (nom + nom).

▶ La composition dite « **savante** » réunit des éléments provenant du **grec** ou du **latin** (pour former des mots scientifiques ou techniques).
EX : *philosophe* réunit les éléments grecs *philo* (= ami) et *sophe* (= sagesse).

▶ Exemples d'éléments venant du **latin** et servant à former des mots :
agri- (champ), **aqu-**, **aqua-** (eau), **-cide** (qui tue), **-culteur** (qui cultive ou élève), **-culture** (art de cultiver), **-duc** (conduire), **-fère** (qui porte), **omni-** (tout), **-vore** (qui dévore, qui mange).

▶ Exemples d'éléments venant du **grec** et servant à former des mots :
biblio- (livre), **bio-** (vie), **chrono-** (temps), **géo-** (terre), **-graphe**, **-graphie** (écriture), **hippo-** (cheval), **-logie** (étude), **-logue** (discours), **-mètre** (mesure), **mono-** (un seul), **mytho-** (la légende), **ortho-** (droit, correct), **phil(o)-** (qui aime), **poly-** (nombreux), **télé-** (au loin), **théo-** (dieu), **-thèque** (armoire).

LES ABRÉVIATIONS ET LES SIGLES

▶ L'**abréviation** consiste à enlever une ou plusieurs syllabes ou lettres d'un mot.
EX : *cinéma* est l'abréviation de *cinématographe*.

▶ Le **sigle** est composé de la suite des lettres initiales des mots formant une expression.
EX : *ONU* est le sigle d'**O**rganisation des **N**ations **U**nies.

Je m'entraîne

EXERCICE 1
Former un mot composé

Reliez un mot de la série 1 à un mot de la série 2 afin de former un mot composé. Définissez chacun d'eux.
Série 1 : chauffe, chasse, chausse, garde, tire, essuie.
Série 2 : neige, eau, pied, fou, mains, bouchon.

EXERCICE 2
Trouver le bon mot

D'après le contexte, retrouvez les mots composés.
a. *La Joconde* est le c......-d'...... de Léonard de Vinci. **b.** Un p......-a...... est un navire de guerre avec un pont permettant l'envol et l'atterrissage d'avions. **c.** À midi nous avons mangé un excellent p......-au-f...... . **d.** Le l......-v...... est en panne, il me faut laver les verres à la main. **e.** Il y a trop de v...... dans la salade.

EXERCICE 3
Nous parlons latin !

Retrouvez les éléments latins à l'origine des mots composés suivants.
a. insecticide. **b.** aqueduc. **c.** somnifère.
d. omnivore.

EXERCICE 4
Nous parlons grec !

Quels sont les éléments grecs à l'origine des mots composés suivants ?
a. orthographe. **b.** bibliothèque. **c.** biologie.
d. chronomètre. **e.** monologue.

EXERCICE 5
Les mots composés savants

Plus difficile ! À partir de la définition, retrouvez le mot composé savant.
a. Personne qui aime les livres. **b.** Religion qui admet l'existence de plusieurs dieux.
c. Histoire de la vie d'un personnage.

EXERCICE 6
L'intrus

Un intrus s'est glissé dans chaque liste. Quel est-il ? Pourquoi ?
Liste 1 : le presse-citron, la presse du soir, le presse-purée.
Liste 2 : un pied-à-terre, un pied-de-biche, un pied dans l'eau.
Liste 3 : le bas-côté, le bas du pantalon, la basse-cour.

EXERCICE 7
Les abréviations

Quel est le mot dont est tirée l'abréviation en gras ?
a. Elle regarde tous les jours la **télé**. **b.** Au volant, il faut regarder dans son **rétro**.
c. Une **manif** a bloqué la rue. **d.** Donnez-moi, je vous prie, un **kilo** de pommes.
e. Mes dernières **photos** de vacances sont très belles. **f.** Mets ton **pull**, il fait froid !

EXERCICE 8
Les sigles

Écrivez le sigle qui correspond aux groupes nominaux suivants.
a. la Société nationale des chemins de fer français. **b.** les habitations à loyer modéré. **c.** le Paris-Saint-Germain. **d.** la maison des jeunes et de la culture.
e. Gaz de France. **f.** l'Olympique de Marseille. **g.** un train express régional.

J'écris

EXERCICE 9
Écrire une histoire amusante

Reprenez tous les mots composés trouvés dans l'exercice 1, et utilisez-les dans un texte dont l'histoire sera amusante.

fiche NOTION 29
Les homonymes et les paronymes

J'observe

Lisez les phrases et répondez aux questions.

Série 1 : les homonymes

1) J'ai acheté une **paire** de gants.
   Je **perds** souvent mes lunettes.
2) Les élèves sont encore dans la **cour**.
   Il **court** plus vite que moi.
   Pendant le **cours** de français, nous avons lu un conte.
3) Elle a toujours bonne **mine**.
   J'ai cassé la **mine** de mon crayon.

Série 2 : les paronymes

4) Il y a beaucoup d'**affluence** dans le métro.
   Vous avez une bonne **influence** sur lui.

1. Observez les mots en couleur dans les phrases de la série 1.
   a. Quelle remarque faites-vous sur leur prononciation, puis sur leur orthographe ?
   b. Donnez leurs différents sens.
2. **a.** Donnez le sens des mots *affluence* et *influence* (série 2).
   b. Pourquoi ces deux mots ont-ils été rapprochés ?

Je retiens

▶ Les **homonymes** sont des mots qui ont la **même prononciation** mais un **sens différent**.
- Certains s'écrivent de la même façon.
EX : *Il a l'**air** gentil. Il y a de l'**air**, fermez la fenêtre.*
- Certains s'écrivent de façon différente.
EX : *Elle boit un **verre** d'eau. Il écrit des **vers**.*

▶ Il ne faut pas confondre des mots qui ont une prononciation proche et un sens différent. On les appelle des **paronymes**.
EX : *Une **éruption** volcanique s'est produite hier sur l'Etna.*
*Il a fait **irruption** dans la pièce.*

Je m'entraîne

EXERCICE 1
Les homonymes

Remplacez les pointillés par les homonymes qui conviennent.
a. [*tente - tante*] Nous allons passer nos vacances chez notre ……… . Nous allons passer nos vacances sous la ……… . Qui ne ……… rien, n'a rien.
b. [*gouttes - goûte*] Je sens des ………, il va pleuvoir. ……… ce gâteau, il est délicieux !
c. [*ces - ses - sais*] ……… vêtements sont-ils à vous ? Je ne ……… pas quel vêtement mettre. Elle choisit toujours bien ……… vêtements.

EXERCICE 2
Les homonymes

Retrouvez les homonymes qui correspondent aux définitions suivantes.
a. Partie d'un théâtre où jouent les acteurs : ……… . Fleuve qui coule à Paris : ……… .
b. Partie du corps qui joint la tête aux épaules : ……… . Prix d'une chose : ……… . Choc d'un corps sur un autre : ……… .

EXERCICE 3
Les homonymes

Plus difficile !
1. Employez chacun des homonymes suivants dans une phrase de votre composition.
a. hôtel, autel. **b.** mets, mais, mes. **c.** amande, amende.
2. Identifiez ensuite la classe grammaticale de chacun de ces mots.

EXERCICE 4
Les homonymes

1. Trouvez un homonyme pour chacun des mots suivants.
a. un vase. **b.** chêne. **c.** corps. **d.** sol. **e.** thon. **f.** puis.
2. Employez ensuite chacun de ces mots dans une phrase de votre composition.

EXERCICE 5
Les paronymes

1. Remplacez les pointillés par un des paronymes proposés.
a. Ses joues sont [*coloriées - colorées*] ……… par le grand air. **b.** Le voleur est entré par [*infraction - effraction*] ……… . **c.** La plaie n'est plus [*infestée - infectée*] ……… .
d. Nous avons étudié aujourd'hui les [*propositions - prépositions*] ……… subordonnées relatives.
2. Employez le paronyme que vous n'avez pas utilisé dans une autre phrase.

EXERCICE 6
Les homonymes

Remplacez les pointillés par un des mots suivants : *foie*, *fois*, *foi*, *Foix*.
Il était une ……… dans la ville de ……… une marchande de ……… qui vendait du ……… . Elle se dit : « Ma ………, c'est la première ……… et la dernière ……… que je vends du ……… dans la ville de ……… . »

J'écris

EXERCICE 7
Écrire une lettre

Écrivez une carte postale à un(e) ami(e) en utilisant un mot de chaque série.
Série 1 : cher, chair, chaire.
Série 2 : mer, maire, mère.
Série 3 : vent, vend.
Série 4 : verre, vert, vers.
Série 5 : chœur, cœur.

EXERCICE 8
Jouer avec les mots

Utilisez chaque couple d'homonymes dans une même phrase (vous pouvez faire des phrases amusantes !).
a. il faut, un faux. **b.** le champ, le chant. **c.** s'en, sans. **d.** le lit, il lit.
e. un sceau, un saut.

fiche NOTION 30
Synonymes, antonymes, niveaux de langue

J'observe

Lisez les phrases et répondez aux questions.

1) Ce chien est un pauvre clébard affamé.
2) Sauter par-dessus ce muret, c'est fastoche.
3) Voici une recette de dessert facile à réussir.
4) Tu verras que ce travail de bricolage est aisé à faire.
5) Je déteste le silence de la campagne, je préfère le bruit de la ville.

1. a. Relevez dans la phrase 1 les deux mots synonymes.
b. Relevez dans les phrases 2 à 4 les trois mots synonymes.
c. Classez les cinq mots selon leur niveau de langue (familier, courant, soutenu).
2. Quels sont les mots antonymes (de sens contraire) dans la phrase 5 ?

Illustration (vers 1910) de T. C. Derrick pour les *Fables* de La Fontaine.

Je retiens

LES SYNONYMES
▶ Deux mots sont **synonymes** lorsqu'ils ont des **significations très proches**. Ils appartiennent à la même classe grammaticale.
EX : *briser, casser* (verbes) ; *peur, crainte* (noms) ; *gentil, aimable* (adjectifs).

LES ANTONYMES
▶ Deux mots sont **antonymes** s'ils ont des **significations contraires**. Ils appartiennent à la même classe grammaticale.
EX : *acheter, vendre* (verbes) ; *courage, lâcheté* (noms) ; *chaud, froid* (adjectifs).

LES NIVEAUX DE LANGUE
▶ Selon la situation, on peut utiliser trois **niveaux** (ou registres) de langue : le niveau **familier**, le niveau **courant**, le niveau **soutenu**. Lorsqu'on parle ou lorsqu'on écrit, on adapte son niveau de langue au destinataire (choix du vocabulaire, construction des phrases, prononciation).
EX : *Il a tout **bouffé** !* (familier).
*Ne **mange** pas entre les repas* (courant).
*Nous avons **dégusté** ce délicieux gâteau* (soutenu).

Je m'entraîne

Notions

EXERCICE 1
Les synonymes

Pour chaque mot de la série 1, trouvez le synonyme qui lui convient dans la série 2.
Série 1 : crier, leçon, discours, boire, finir, professeur, magnifique.
Série 2 : se désaltérer, splendide, déclaration, terminer, cours, enseignant, hurler.

EXERCICE 2
Les synonymes et le niveau de langue

1. À partir des mots suivants, formez quatre séries de trois synonymes.
a. mourir. **b.** flotte. **c.** godasse. **d.** insensé. **e.** onde. **f.** chaussure. **g.** crever. **h.** fou. **i.** soulier. **j.** dingue. **k.** eau. **l.** trépasser.

2. Placez ensuite les mots dans trois colonnes (familier, courant, soutenu).

3. Les mots suivants appartiennent au niveau soutenu ou au niveau familier. Trouvez-leur un synonyme en langage courant.
a. un véhicule. **b.** rétorquer. **c.** importuner. **d.** bosser. **e.** un esclandre. **f.** bluffer. **g.** une bicyclette. **h.** se planquer. **i.** un boulot.

EXERCICE 3
Trouver le mot juste

1. Complétez les pointillés pour former un verbe plus précis que le verbe *avoir*.
a. Il ob...... de bons résultats. **b.** Il po...... une belle chemise. **c.** Il ex...... un métier intéressant. **d.** Il po...... beaucoup de livres. **e.** Il a été r...... à son examen. **f.** Il a ép...... une grosse frayeur.

2. Complétez les pointillés pour former un verbe plus précis que le verbe *voir*.
a. On ne di...... rien dans le noir. **b.** Je ne co...... pas ce que tu veux dire. **c.** Je ren...... mon voisin tous les matins quand je pars. **d.** Je ne tr...... aucune solution.

EXERCICE 4
Les antonymes

1. Trouvez les antonymes des adjectifs suivants en utilisant un préfixe qui convient.
a. légal. **b.** poli. **c.** discret. **d.** chanceux.

2. Retrouvez les couples d'antonymes parmi les mots suivants.
a. montrer. **b.** beaucoup. **c.** lisible. **d.** se rapprocher. **e.** propre. **f.** clair. **g.** courage. **h.** dissimuler. **i.** lâcheté. **j.** sombre. **k.** illisible. **l.** sale. **m.** peu. **n.** s'éloigner.

EXERCICE 5
Les antonymes

1. Cherchez deux sens différents pour chaque adjectif.
a. bon. **b.** doux. **c.** clair. **d.** faux.

2. À partir de ces deux sens, trouvez deux antonymes que vous emploierez dans deux phrases différentes.
EX : sec → J'aime le pain **frais**. Le linge est encore **humide**.

J'écris

EXERCICE 6
Décrire des personnages de conte

Décrivez des personnages de conte au physique et au caractère complètement opposés (au choix : deux sœurs ou deux frères ou une bonne fée et une méchante sorcière).
Conseils :
– commencez par : *Un roi et une reine avaient deux filles (fils). L'un(e) était... L'autre...* ;
– ou commencez par : *À la naissance de l'enfant, la bonne fée arriva, elle était... Mais une méchante sorcière qui n'avait pas été invitée arriva ensuite. Elle...* ;
– utilisez des antonymes.

fiche NOTION 31
Le champ lexical

J'observe

Lisez le texte et répondez aux questions.

Les sirènes, princesses de la mer, obtiennent la permission de remonter à la surface. L'une d'elles s'assied sur une montagne de glace...

1   Le soir, un orage couvrit le ciel de nuées ; les éclairs brillèrent, le tonnerre gronda, tandis que la mer, noire et agitée, élevant les grands monceaux de glace, les faisait briller de l'éclat rouge des éclairs. Toutes les voiles furent serrées[1], la terreur se répandit partout ; mais elle, tranquillement assise sur sa montagne de glace, vit la foudre tomber en zigzag sur l'eau luisante.

Hans Christian Andersen, « La Petite sirène » (1837), dans *Contes*, traduit du danois par D. Soldi, E. Grégoire et L. Moland © éd. Flammarion.

1. *serrées* : abaissées.

1. a. À quel champ lexical les mots en couleur appartiennent-ils (à quel domaine renvoient-ils) ?
b. Classez ces mots : noms, verbe.
2. Trouvez deux autres mots appartenant au même champ lexical (pensez aux verbes formés à partir des noms *foudre* et *tonnerre*).

Gustave Courbet (1819-1877), *La mer* (1873), huile sur toile, 50,8 x 61 cm (The Metropolitan Museum of Art, New-York, États-Unis).

Je retiens

▶ Dans un texte, un **champ lexical** est un ensemble de mots ou d'expressions se rapportant à un **même thème** ou à une **même notion**.

▶ Ces mots peuvent appartenir à différentes **classes grammaticales**.
EX : champ lexical de la terreur : un nom (*terreur*) ; un verbe (*terroriser*) ; un adjectif (*terrifié*).

▶ Ces mots peuvent :
– être **synonymes**,
EX : *manger, se nourrir.*
– appartenir à la **même famille**,
EX : *nourriture, nourrissant, se nourrir.*
– ou simplement au **même thème**,
EX : *cuisine, déguster, dessert, sucré, savoureux...*

Je m'entraîne

EXERCICE 1
Identifier un champ lexical

1. Lisez ce texte, relevez le champ lexical dominant et donnez-lui un titre.
   Phaéton a voulu conduire le char de feu de son père le Soleil. Mais les chevaux s'emballent, la terre prend feu...
   Quant à la Terre, elle souffre sous l'action de la chaleur. Les nuages s'évaporent, les sommets des monts s'embrasent, le sol se crevasse, les moissons d'elles-mêmes prennent feu, arbres et prés se consument...

   16 métamorphoses d'Ovide (2 à 8 après J.-C.), traduit et adapté du latin par F. Rachmühl
   © éd. Castor Poche Flammarion, 2003.

2. Trouvez quatre autres mots appartenant au même champ lexical.

EXERCICE 2
Les mots mêlés

Chacune de ces listes mêle trois champs lexicaux, identifiez-les.
Liste 1 : fée, aquarelle, solfège, princesse, dessin, pianiste, magique, gamme, tableau, château, toile, morceau.
Liste 2 : joyeux, en larmes, colère, gaieté, rire aux éclats, se fâcher, gémir, furieux, souriant, attristé.

EXERCICE 3
L'intrus

Chassez l'intrus (le mot qui n'appartient pas au même champ lexical que les autres) dans chacune de ces listes.
Liste 1 : sauter, parler, courir, nager, marcher.
Liste 2 : dans la savane, le long de la rivière, au petit matin, sous le baobab.
Liste 3 : blé, champ, récolte, chant, épi, ferme.

EXERCICE 4
Les bruits

Complétez ces mots appartenant au champ lexical du bruit et trouvez-en un autre pour chaque série.
Noms : va _ _ _ me, mu _ _ _ re, fr _ _ as, si _ _ _ _ _ _ nt, cr _.
Verbes : ch _ ch _ _ er, hu _ _ er, rés _ _ _ er, cl _ _ _ er une porte.
Adjectifs : br _ _ ant, re _ _ _ _ _ _ _ ant.

EXERCICE 5
Pauvre Cendrillon !

1. Complétez ce texte, qui évoque la vie de Cendrillon au début du conte, avec les verbes suivants, que vous conjuguerez à l'imparfait : *frotter, laver, récurer, dépoussiérer, lustrer, cirer, nettoyer*.
Cendrillon ...... toute la maison : elle ...... le sol de la cuisine, elle ...... les casseroles, ... l'argenterie. Elle ...... les taches sur les nappes et les vêtements. Elle ...... et ...... les meubles.

2. Indiquez à quel champ lexical appartiennent ces verbes.

EXERCICE 6
Construire des champs lexicaux

Construisez des champs lexicaux à partir des mots-thèmes suivants (cinq mots par thème).
a. les vêtements. **b.** la ferme. **c.** l'école. **d.** les vacances.

J'écris

EXERCICE 7
Écrire à partir d'un champ lexical

Écrivez un texte d'une dizaine de lignes en choisissant l'un de ces titres :
« La plage », « C'est le printemps ! », « Il neige ! ».
Conseils : faites d'abord une liste d'au moins six mots appartenant au champ lexical d'un de ces thèmes, puis utilisez-les dans votre texte. Pensez à trouver des noms, des verbes, des adjectifs.

fiche NOTION 32
Le sens des mots

J'observe

Lisez les phrases et répondez aux questions.

1) Elle a perdu les **clés** de la maison.
2) Harry Potter n'a pas encore découvert la **clé** du mystère !
3) Tu dois lire cette portée en **clé** de fa, et non pas en **clé** de sol !

1. Le mot *clé* a-t-il le même sens dans toutes les phrases ?
2. Dans quelle phrase a-t-il son sens usuel de : « instrument servant à ouvrir une serrure » ?
3. Précisez le sens du mot *clé* dans les deux autres phrases. Quels mots vous aident à en comprendre le sens ?

Je retiens

▶ Les mots n'ayant qu'**un seul sens** sont rares : ce sont souvent des mots scientifiques ou techniques.
EX : *aluminium, micro-onde, tournevis.*

▶ La plupart des mots ont plusieurs sens : ils sont **polysémiques**. La polysémie dépend :

– du **contexte** (de la phrase où se trouve le mot) :
EX : *Ce bijou est cher. Cet oncle m'est cher.* (Le sens du mot *cher* dépend du nom qu'il caractérise : = « coûteux », pour une chose ; = « bien-aimé », pour un humain.)

– de la **construction grammaticale** :
EX : *Il repasse ses vêtements* (verbe avec un COD = « faire du repassage »). *Il repassera tout à l'heure* (verbe sans COD = « venir à nouveau »).

▶ Le sens d'un mot que l'on trouve en premier dans le dictionnaire est son **sens propre**.
EX : *Cette lumière éclaire mal* (= « source de rayons lumineux », sens usuel).

▶ Le sens imagé d'un mot est son **sens figuré**.
EX : *Ce savant est une vraie lumière* (= « personne d'une grande intelligence », sens imagé).

68

Je m'entraîne

EXERCICE 1
Un ou plusieurs sens

Dans la liste suivante, dites quels sont les mots polysémiques. Vous donnerez leurs différents sens.
a. une glace. **b.** un pingouin. **c.** une feuille. **d.** livrer. **e.** éternuer.

EXERCICE 2
Construction et sens du verbe

Précisez le sens des verbes *disposer* et *descendre* dans les phrases suivantes, selon qu'ils sont suivis, ou non, d'un complément d'objet direct ou indirect.
a. Je **dispose** les couverts sur la table. **b.** Vous pouvez **disposer**. **c.** Il **dispose** d'une voiture. **d.** Nous **descendons** à l'hôtel. **e.** Il est **descendu** bien bas ! **f.** Je **descends** l'escalier.

EXERCICE 3
S'aider du contexte

En vous aidant des mots en gras dans chaque phrase, trouvez le sens du mot souligné. Évitez de recourir au dictionnaire.
a. Les affaires **marchent bien**, son commerce <u>prospère</u>. **b.** Il souffrait beaucoup mais **n'en a rien montré**, il est resté <u>impassible</u>. **c.** Ces arbres <u>séculaires</u> ont été plantés **quand mon arrière-grand-père est né**. **d.** Dans ce livre de **morceaux choisis**, on trouve un <u>florilège</u> de poèmes anciens.

EXERCICE 4
La polysémie et le contexte

1. Quel est le sens du verbe *revenir* dans chacune des phrases de la liste 1 ? Choisissez à chaque fois parmi les synonymes de la liste 2 pour répondre.
Liste 1 : **a.** Après cet évanouissement, il **est revenu** à lui. **b. Revenez** me voir ! **c.** Je pars demain et je **reviens** dans deux jours. **d.** Cet héritage lui **revient**. **e.** Ce dîner ne m'**est** pas **revenu** cher.
Liste 2 : **1.** rentrer. **2.** coûter. **3.** reprendre conscience. **4.** appartenir. **5.** repasser.

2. Cherchez dans le dictionnaire un autre sens du verbe *revenir* et utilisez-le dans une phrase de votre invention.

EXERCICE 5
Le sens propre, le sens figuré

Dans chaque phrase, indiquez si le mot en gras est employé au sens propre ou au sens figuré.
a. L'histoire qu'il nous a racontée est un **tissu** d'absurdités. **b.** Sa chemise a été coupée dans un **tissu** soyeux. **c.** Le mont Blanc est la plus haute **montagne** d'Europe. **d.** Au secrétariat, ils ont une **montagne** de courrier en retard ! **e.** Avec le redoux, il faut craindre des **avalanches**. **f.** Ce boxeur s'est pris une **avalanche** de coups avant d'être mis K.-O. par son adversaire.

EXERCICE 6
Une devinette

Quel même verbe pourrait avoir pour sujet les groupes nominaux suivants ? Écrivez une phrase complète avec chacun des sujets.
a. l'infirmière. **b.** le moustique. **c.** l'avion. **d.** les orties. **e.** la barbe. **f.** de l'eau qui…

J'écris

EXERCICE 7
Expression minute

Composez pour chacun des mots suivants deux phrases dans lesquelles ils auront des sens différents. Aidez-vous du dictionnaire.
a. cœur. **b.** pièce. **c.** fruit. **d.** chemin. **e.** tableau.

EXERCICE 8
Jouer avec les mots

Écrivez un petit texte amusant dans lequel vous utiliserez le mot *puce* avec différents sens. Aidez-vous du dictionnaire.

fiche NOTION 33
Comparaison, métaphore, périphrase

J'observe

Lisez le poème et répondez aux questions.

La mer

1 La mer brille comme une coquille
   On a envie de la pêcher
   La mer est verte
   La mer est grise
5 Elle est d'azur
   Elle est d'argent et de dentelle

Paul Fort, *Ballades françaises* (1908) © éd. Flammarion.

1. À quoi la mer est-elle comparée ? Relevez l'outil de comparaison. Quel point commun y a-t-il entre les deux éléments de la comparaison ?
2. Le poète utilise l'image de la *dentelle* (v. 6) pour évoquer la mer. Y a-t-il un outil de comparaison ? Quel est le point commun entre les deux éléments ?

Lucien Lévy-Dhurmer (1863-1953), *Le Coup de vent* (1898), huile sur toile (collection particulière).

Je retiens

▶ La **comparaison** met en relation un **comparé** (élément qui est comparé) et un **comparant** (élément auquel on compare) à l'aide d'un **outil de comparaison** : *pareil à, comme, ainsi que, tel (que), ressembler à*. La comparaison met en valeur un **point commun** entre les deux éléments.

EX : <u>Ses cheveux</u> sont <u>blonds</u> <u>comme</u> <u>les blés</u>.
     comparé   point commun   outil   comparant

(Les cheveux sont comparés aux blés ; leur point commun est leur blondeur ; l'outil de comparaison est *comme*).

Le point commun entre le comparé et le comparant peut être sous-entendu :

EX : *Ses cheveux sont comme les blés.*

▶ La **métaphore** procède de la même manière, mais sans outil de comparaison. Elle peut se construire :
– avec le verbe *être*,
EX : *La route **est** un long ruban.*
– avec la préposition *de*,
EX : *Le long ruban **de** la route.*
– avec une virgule,
EX : *La route**,** ce long ruban.*

▶ La **périphrase** consiste à remplacer un mot par une expression qui met en valeur une de ses caractéristiques.
EX : *La Corse* est souvent désignée par la périphrase : *l'île de Beauté*. *Le chien* est souvent désigné par la périphrase : *l'ami de l'homme*.

70

Je m'entraîne

EXERCICE 1
Trouver le comparé

Remplacez les pointillés par le comparé qui convient : *ses yeux, ses cheveux, sa peau*.
a. ...... était blanche comme la porcelaine. **b.** ...... ressemblaient à des diamants qui brillent. **c.** ...... étaient doux comme la soie.

EXERCICE 2
Trouver le comparant

Complétez chaque comparaison avec un comparant de votre choix.
a. La neige recouvre le jardin comme .... **b.** Ce voilier, sur la mer, est pareil à .... **c.** Les étoiles dans le ciel ressemblent à ....

EXERCICE 3
Identifier les métaphores

Identifiez les métaphores. Pour chacune d'elles, déterminez le comparé, le comparant et le point commun entre les deux.
a. Un serpent de fumée sortait de la cheminée. **b.** Le ciel est une grande cloche de verre. **c.** Le cygne glisse sur le miroir du lac. **d.** C'est le printemps, la prairie est un tapis de fleurs. **e.** La ville est une vraie fourmilière.

EXERCICE 4
Compléter les métaphores

1. Remplacez les pointillés par une des expressions suivantes pour obtenir une métaphore : *la colère de la mer, un phare dans la nuit, le sommeil de la nature*.
a. L'hiver est .... **b.** La tempête est .... **c.** La lune est ....

2. Imaginez à votre tour une métaphore en remplaçant les pointillés par une expression de votre choix.
a. Le brouillard est .... **b.** L'été est ....

EXERCICE 5
Les comparaisons figées

Complétez ces comparaisons utilisées dans le langage courant.
a. Le bébé dort comme un .... **b.** Il est doux comme un .... **c.** Ce petit chat est léger comme une .... **d.** Cet enfant est sage comme une ....

EXERCICE 6
Les périphrases

Reliez la périphrase de la série 1 au nom de la série 2 qui lui correspond.
Série 1 : le toit du monde, le septième art, l'auteur du *Petit Prince*, la langue de Molière, le toit de l'Europe, le Messager aux rayons clairs.
Série 2 : le mont Blanc, Antoine de Saint-Exupéry, le français, le cinéma, Hermès, l'Himalaya.

J'écris

EXERCICE 7
Les lettres de l'alphabet

Imaginez des comparaisons ou des métaphores pour décrire la forme de quelques-unes des lettres de l'alphabet (en majuscule ou minuscule à votre choix), en vous inspirant du modèle.
Vous pouvez accompagner vos trouvailles d'un dessin.
Modèle : Le **H**, comme une petite échelle. Le **n**, un pont sur l'eau. Le **l**, pareil au cou d'une girafe…

EXERCICE 8
Créer des périphrases

Dans les *Fables*, La Fontaine utilise souvent des périphrases pour désigner les animaux.
EX : *la dame au nez pointu*, pour désigner la belette.

Inventez à votre tour des périphrases pour désigner les animaux suivants : le serpent, le papillon, le kangourou, l'âne, la tortue, le dromadaire, la girafe, la coccinelle.

fiche NOTION 34
Les jeux sur les sons en poésie

J'observe

Lisez le poème et répondez aux questions.

1. *réséda* : plante à fleurs odorantes.

2. *véranda* : galerie vitrée placée contre le mur d'une maison.

Le réséda[1]

1 – Où résida le réséda ?
   Résida-t-il au Canada ?
   Dans les campagnes de Juda ?
   Ou sur les flancs du Mont Ida ?
5 – Pour l'instant, sur la véranda[2]
   Se trouve bien le réséda.
   Oui-da !

Robert Desnos, *Chantefables et Chantefleurs* (1955) © éd. Gründ.

1. Quelle syllabe se répète à la rime (à la fin de chaque vers) ?
2. a. Quels sons consonnes et sons voyelles sont les plus répétés dans le poème ?
   b. Trouvez deux mots dont les sonorités sont proches.
3. Le poème a-t-il un sens ? Quel est l'effet produit par l'ensemble ?

Je retiens

▶ Les **rimes** sont les **sonorités** qui reviennent régulièrement **à la fin des vers**. Elles contribuent à la musicalité et au rythme du poème.
EX : la sonorité [dɑ] dans le poème *Le réséda*.

▶ Les rimes peuvent être **suivies** ou **plates** (aabb), **croisées** (abab) ou **embrassées** (abba).
EX : *La cigale, ayant chanté* (a)
       Tout l'été, (a)
       Se trouva fort dépourvue (b)
       Quand la bise fut venue. (b)
       (J. de La Fontaine, *Fables*, « La cigale et la fourmi ».)

▶ Les rimes peuvent être **pauvres** (une sonorité commune ; **EX :** lapin, lutin), **suffisantes** (deux sonorités communes ; **EX :** satin, lutin), **riches** (trois sonorités communes ou plus ; **EX :** matin, satin).

▶ À la fin d'un vers, le « e » ne se prononce pas et **ne compte pas** pour une sonorité.
EX : *Elle alla crier famin(e)*
       Chez la fourmi sa voisin(e)

▶ L'**allitération** est la répétition d'un **son consonne**.
EX : les sons consonnes [R], [z] et [d] dans *Où résida le réséda*.

▶ L'**assonance** est la répétition d'un **son voyelle**.
EX : le son voyelle [ɑ] dans *Résida-t-il au Canada*.

72

Je m'entraîne

EXERCICE 1
La qualité de la rime

Dites si ces rimes sont pauvres, suffisantes ou riches.
a. vent / temps. **b.** râteau / château. **c.** vie / ami. **d.** feuillage / coquillage.
e. nacré / sacré. **f.** divin(e) / marin(e).

EXERCICE 2
Trouver des rimes

1. Trouvez un mot qui pourrait rimer avec chacun des mots suivants.
verdure, nuage, douce, couleur, endormi, sentier, ruisseau, brumeux.

2. Trouvez une rime pauvre qui rime avec le mot *bijou*, une rime suffisante qui rime avec le mot *gourmandise*, une rime riche qui rime avec le mot *saison*.

EXERCICE 3
Rétablir les vers

Les vers suivants, extraits de fables de La Fontaine, ont été écrits sans passage à la ligne. Rétablissez leur disposition en vous aidant des rimes et du nombre de vers indiqué.
a. Petit poisson deviendra grand, pourvu que Dieu lui prête vie. Mais le lâcher en attendant, je tiens pour moi que c'est folie **[quatre vers]**.
b. Un loup n'avait que les os et la peau tant les chiens faisaient bonne garde. Ce loup rencontre un dogue aussi puissant que beau, gras, poli, qui s'était fourvoyé par mégarde **[quatre vers]**.

EXERCICE 4
Retrouver les rimes

Complétez les rimes de cet extrait de fable avec les mots suivants donnés en désordre : *vu, voyages, orages, retenu*.
 Une hirondelle en ses ......
Avait beaucoup appris. Quiconque a beaucoup ......
 Peut avoir beaucoup ....
Celle-ci prévoyait jusqu'aux moindres ....

J. de La Fontaine, « L'hirondelle et les petits oiseaux », dans *Fables*, Livre premier, fable VIII.

J'écris

EXERCICE 5
Former des allitérations

Sur le modèle suivant : *Le beau bébé boit son biberon et babille avec sa baby-sitter*, écrivez quelques phrases à partir de lettres de l'alphabet que vous choisirez. Vous formerez le maximum d'allitérations. Aidez-vous du dictionnaire.

EXERCICE 6
Jouer avec les sonorités

Voici quelques mots qui riment deux par deux.
hirondelle / coccinelle ; printemps / temps ; verdure / murmure ; cri / fleuri ; nid / infini ; roseau / ruisseau ; perchoir / soir ; aurore / éclore ; plume / brume.

Choisissez quatre de ces mots et composez un quatrain (strophe de quatre vers). Vous choisirez la disposition des rimes.

EXERCICE 7
Écrire à la manière de

Écrivez quelques vers à la manière du poème de R. Desnos, « Le réséda ».
Aidez-vous du dictionnaire (noms communs et noms propres) et des propositions suivantes :
– Où se cacha le cachalot ? ... / – Où vivait le perroquet ? Vivait-il ...
– Où courut le kangourou ? ... / – Où s'amusa le koala ? ... / – Où dormit la souris ? ...

ÉVALUATION ET JEU 6 ▶ p. 79

1 Contes traditionnels et textes antiques

Évaluation

Révisez les fiches 3 à 8 (p. 10 à 21) et répondez à ces 10 questions notées sur 20 points.

1 point   **1.** Dans un conte, comment appelle-t-on une boisson magique ?

2 points   **2.** Donnez deux homonymes du mot *conte* et employez-les dans une phrase.

2 points   **3.** Citez deux animaux et deux éléments de la flore des contes africains.

2 points   **4.** L'arbre à palabres est l'arbre sous lequel on se réunit pour discuter : vrai ou faux ?

2 points   **5.** Quels sont les deux noms, latin et grec, du maître des dieux et de son épouse ?

2 points   **6.** Rendez à chaque dieu son attribut.
Dieux : Poséidon, Hermès, Athéna, Apollon.
Attributs : la lyre, les sandales ailées, le trident, la chouette.

3 points   **7.** Complétez avec le mot juste, issu des *Métamorphoses* d'Ovide.
a. Se perdre dans un d…… de rues. **b.** Consulter un a…… géographique. **c.** Gagner le p…… au loto !

2 points   **8.** Complétez les pointillés avec les adjectifs évoquant les qualités du héros épique.
Ulysse s'est montré inv…… **[mot de 8 lettres]**, il a été ing…… **[mot de 9 lettres]**, té…… **[mot de 9 lettres]** et hé…… **[mot de 8 lettres]**.

2 points   **9.** Quel est l'adjectif issu du nom *déluge* qui caractérise des pluies très fortes ?

2 points   **10.** Décomposez le mot *polythéiste* et donnez le sens du préfixe et du radical.

TOTAL : …/20

Jeu

Mots croisés

Recopiez la grille, puis complétez-la avec des noms de paysages et d'animaux de contes africains à l'aide des définitions.
1) Arbre à tronc énorme.
2) Il rugit.
3) Étendue couverte de buissons et de petits arbres.
4) Certains animaux utilisent cette longue plante pour se déplacer dans la jungle.
5) Prairie de hautes herbes avec quelques arbres.
6) Haute sur pattes.
7) Animal réputé malin.
8) Cousin du crocodile.
9) Animal peu aimé.
10) C'est de ce continent qu'il s'agit !
11) Il n'y pousse pourtant pas des morceaux de gruyère !

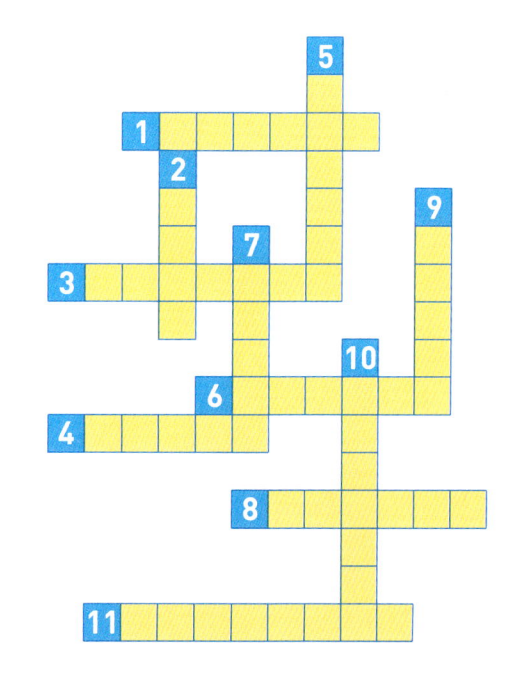

2 Récits, fables et poèmes animaliers

Évaluation

Révisez les fiches 9 à 12 (p. 22 à 29) et répondez à ces 10 questions notées sur 20 points.

4 points   **1.** Complétez ces expressions avec les mots qui conviennent. Rappelez le sens de ces expressions.
a. Il n'y a pas de quoi …… un chat. **b.** Entre chien et …… . **c.** Se regarder en chiens de …… . **d.** Mettre tous ses …… dans le même panier.

2 points   **2.** Complétez avec un mot qui est aussi un nom d'animal.
a. Dormir en …… de fusil. **b.** Au carnaval, elle porte un …… .

4 points   **3.** Reliez chaque animal de la série 1 au verbe signifiant son cri dans la série 2.
Série 1 : corbeau, pie, chouette, poule.
Série 2 : caqueter, jacasser, hululer, croasser.

3 points   **4.** Quel est le régime alimentaire d'un oiseau piscivore ? d'un oiseau granivore ? d'un oiseau insectivore ?

1 point   **5.** Comment appelle-t-on le petit d'un loup ? d'un oiseau ?

1 point   **6.** Qu'appelle-t-on des griffes rétractiles ?

1 point   **7.** Employez dans une phrase qui en éclairera le sens un nom d'animal homonyme de *jet*.

1 point   **8.** Qui est mangé par le loup dans cette fable de La Fontaine ?
Là-dessus, au fond des forêts
Le loup l'emporte, et puis le mange,
Sans autre forme de procès.

2 points   **9.** Qu'est-ce qu'un prédateur ? une meute ?

1 point   **10.** Donnez deux mots français issus du latin *canis* (qui signifie « chien »).

TOTAL : …/20

Jeu

Mots croisés

1. Recopiez la grille, puis complétez-la avec des noms de chiens ou d'oiseaux à l'aide des définitions.
1) Il perd son fromage dans la fable.
2) Il a des oreilles tombantes. C'est la race du chien de Boule.
3) Autre chien : il y a « boule » dans son nom.
4) Réputée bavarde.
5) Oiseau marin au cri bruyant.
6) Chien terrier, allongé, bas sur pattes. Appelé familièrement « saucisson sur pattes ».
7) Oiseau des bois, et le mot sert aussi à dire bonjour !
8) Cousin de l'aigle.

2. Mettez ensuite les lettres sur fond blanc dans le bon ordre pour former le nom d'un oiseau.

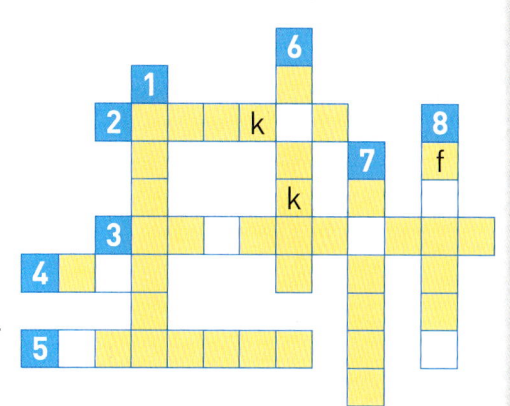

3 Activités humaines

Évaluation

Révisez les fiches 13 à 16 (p. 30 à 37) et répondez à ces 10 questions notées sur 20 points.

2,5 points — **1.** Citez les noms des cinq sens.

3 points — **2.** À quels sens renvoient ces mots ?
a. arôme. **b.** moelleux. **c.** amer. **d.** crépitement. **e.** épier. **f.** épicé.

1,5 point — **3.** Si vous « prêtez l'oreille aux paroles de quelqu'un », qu'est-ce que cela signifie ?

2 points — **4.** Trouvez les noms correspondant aux adjectifs suivants.
a. ému. **b.** désespéré. **c.** inquiet. **d.** joyeux.

2 points — **5.** Donnez deux noms synonymes de *larmes*.

2 points — **6.** Comment s'appelle le médecin qui soigne les maladies du cœur ? de la peau ?

3 points — **7.** Corrigez ces phrases en rendant le bon outil à chaque métier.
a. Le mécanicien se sert d'une roulette. **b.** Le dentiste se sert d'un rabot.
c. Le menuisier se sert d'une clé à molette.

2 points — **8.** Si vous êtes avocat, quel vêtement devez-vous porter ? De quelle couleur est-il ?

1 point — **9.** Qu'est-ce qu'un véliplanchiste ?

1 point — **10.** Donnez, dans le domaine sportif, l'antonyme de chacun de ces mots.
a. un adversaire. **b.** une victoire.

TOTAL : …/20

Jeux

Mots croisés

Êtes-vous sportif ? Recopiez la grille, puis complétez les cases avec l'aide des définitions.
1) Sport de combat.
2) On y joue avec un ballon ovale.
3) On y frappe la balle avec un club.
4) Il y a celui de descente ou de fond.
5) Sur glace ou sur gazon.
6) Mettez des gants !
7) Une manche, au tennis.
8) Thème du champ lexical présent dans ces mots croisés.

Devinettes

Associez chaque interjection à l'un des cinq sens, que vous nommerez.
Miam ! ……   Hum ! ……
Splash ! ……   Aïe ! ……
Waouh ! ……

4 Espaces naturels et citadins

Évaluation

Révisez les fiches 17 à 21 (p. 38 à 47) et répondez à ces 10 questions notées sur 20 points.

2 points — **1.** Donnez deux noms formés à partir du mot grec *khronos*.

1,5 point — **2.** Complétez avec les homonymes *aire*, *ère* et *air*.
a. L'…… du rectangle. b. Il a l'…… perdu. c. L'…… chrétienne.

2 points — **3.** Citez quatre mots appartenant au champ lexical de l'hiver.

3 points — **4.** Trouvez les adjectifs de la famille des noms suivants.
a. champ. b. montagne. c. marécage. d. hiver. e. été. f. printemps.

2,5 points — **5.** Regroupez les mots selon qu'ils appartiennent au champ lexical de la campagne, de la ville, de la montagne, de la forêt, de la mer.
pâturage, crique, citadin, edelweiss, golfe, verger, lisière, glacier, boulevard, jetée, futaie, orge, lame, précipice, métro.

1,5 point — **6.** Complétez avec des mots de la famille de *mer*.
a. Ce poisson, qui a trempé dans la ……, est excellent. b. La flore …… est très variée. c. Vous pouvez acheter vos billets pour le ferry à la gare …… .

1 point — **7.** Une mer d'huile est une mer polluée : vrai ou faux ?

2 points — **8.** Donnez un mot issu du mot grec *polis* (= « cité »), un autre issu du mot latin *urbs* (= « ville »).

1,5 point — **9.** Rédigez trois phrases avec chacun des mots suivants : *voie*, *voix*, *voit*.

3 points — **10.** Cherchez les homonymes des mots suivants, puis employez chacun d'eux dans une phrase.
a. chut. b. toi. c. pain. d. chaîne. e. chant. f. porc.

TOTAL : …/20

Jeux

Devinettes

Retrouvez des éléments du paysage naturel cachés derrière ces définitions.
a. Plante aquatique : al…… . b. Dessert au chocolat ou plante formant un tapis vert : m…… . c. La Garonne en est un : f…… . d. Il peut être plein de pommes : v…… . e. Il est souvent escarpé : s…… . f. Homonyme de *être* : h…… . g. Le Petit Poucet ne s'y perd pas : f…… . h. Au commencement du fleuve ou du ruisseau : s…… .

Les mots cachés

Retrouvez les onze mots appartenant au champ lexical de la mer cachés au milieu de lettres intruses. Écrivez-les dans l'ordre où ils apparaissent. Attention à l'orthographe !
Caillequaietpaincrucriquejettesacjetéedodunevachevaguecraiegalolagonprocécume plagiembrunspliphèpharegeîlogaletteîslelasablean.

5 Arts et culture

Évaluation

Révisez les fiches 22 à 24 (p. 48 à 53) et répondez à ces 10 questions notées sur 20 points.

2 points   **1.** Donnez les principaux éléments qui constituent le temple grec.
le f......, la c......, le c......, la f...... .

3 points   **2.** Comment appelle-t-on une statue représentant uniquement la tête et le torse d'un personnage ? une statue autour de laquelle on peut tourner ? une statue faite en bronze ?

1 point   **3.** Citez deux matériaux utilisés pour les sculptures grecques.
le m......, le b...... .

1 point   **4.** Si on lit un livre rapidement, on le f...... . Si on lit un livre avec passion, on le d...... .

2 points   **5.** Un livre d'or est un livre dont la couverture est en or. Vrai ou faux ?

1 point   **6.** Que signifie *biblion* en grec ?

2 points   **7.** Donnez deux mots construits à partir de la racine grecque *biblion*.

4 points   **8.** Comment s'appelle une composition musicale pour un grand orchestre ?
une s...... .
Et une œuvre pour un instrument soliste et un orchestre ?
un c...... .

2 points   **9.** Citez les noms de deux instruments à cordes et de deux instruments à vent.

2 points   **10.** Le musicien compte-t-il la mesure au moyen d'un diapason ou d'un métronome ? Un violoniste peut-il jouer avec une sourdine ?

TOTAL : .../20

Jeux

Devinettes

1. Trouvez les mots correspondant aux définitions.
a. Nom d'un instrument de musique à percussion : cy...... .
b. Nom d'un instrument de musique à vent : sax...... .
c. Elle protège l'œuf mais désigne aussi une erreur dans un livre.
d. Le même mot désigne l'endroit par lequel sortent les laves du volcan et un vase grec.

2. Trouvez les mots dont voici les définitions. (Attention à l'orthographe ! Vous pouvez vous aider de la valise de mots, fiche 24, p. 52.)
Avec la première lettre de chacun des mots, vous formerez le nom d'une célèbre musique ou danse espagnole.
a. Il joue de la flûte. **b.** C'est la 6e note de musique. **c.** Capitale de la Grèce. **d.** Lieu dans lequel sont exposées des collections d'objets et de tableaux. **e.** Synonyme de jouer (un morceau musical), pour un musicien. **f.** Elles sont au nombre de sept. **g.** La harpe est un instrument à .... **h.** Œuvre musicale mêlant théâtre, chant et musique.

6 Notions

Évaluation

Révisez les fiches notions 25 à 34 (p. 54 à 73) et répondez à ces 10 questions notées sur 20 points.

1 point — **1.** Cherchez deux mots formés à partir du mot « peuple » (*populus* en latin).

1 point — **2.** Retrouvez les éléments latins ou grecs à l'origine des mots suivants.
a. omnivore. **b.** orthographe.

4 points — **3.** Dans les quatre couples suivants, identifiez le couple de paronymes, le couple de synonymes, le couple d'antonymes, le couple d'homonymes.
a. cent / sans. **b.** infecté / infesté. **c.** finir / terminer. **d.** confiance / méfiance.

2 points — **4.** Regroupez ces mots selon le registre de langue auquel chacun appartient.
a. livre, bouquin, ouvrage. **b.** causer, parler, converser. **c.** blessure, lésion, bobo. **d.** se dépêcher, se grouiller, se hâter.

3 points — **5.** Regroupez ces mots et expressions en trois champs lexicaux (de sept mots). Vous donnerez un titre à chaque champ lexical.
cadeau, orthographe, bougies, résultat, atterrir, invités, hôtesse de l'air, musique, devoir, réacteur, gâteau, professeur, danser, apprendre, tour de contrôle, trousse, décoller, cabine, attentif, jeux, aéroport.

2 points — **6.** Écrivez deux phrases avec chacun des noms suivants, en les employant avec un sens différent.
a. pile. **b.** opération.

1 point — **7.** Créez un nom à partir de chaque adjectif proposé, en ajoutant un suffixe.
a. curieux. **b.** précis. **c.** sage. **d.** exact.

2 points — **8.** À l'aide d'un préfixe, donnez l'antonyme de chacun des mots suivants.
a. brancher. **b.** légal. **c.** espoir. **d.** adroit.

2 points — **9.** Complétez avec ces mots employés au sens figuré : *cœur, fruit, montagne, tête*.
a. J'ai une …… de livres à lire. **b.** Il s'est perdu au …… de la forêt. **c.** Ce cycliste est en …… du peloton. **d.** Il a recueilli les …… de ses efforts.

2 points — **10.** Replacez les mots à la rime et dites si les rimes sont plates, croisées ou embrassées : *jauni, brune, i, lune*.
C'était dans la nuit ……,
Sur le clocher ……
La ……
Comme un point sur un …… .

D'après Alfred de Musset.

TOTAL : …/20

Jeu

Rébus

Mon premier est un lieu où les vaches broutent de l'herbe.
Mon second caractérise un regard qui ne bouge pas.
Mon tout est un élément qui modifie le sens des mots.

Table des Illustrations

10	ph © Collection privée / The Bridgeman Art Library
15	ph © The Art Archive / Fitzwilliam Museum, Cambridge / Alfredo Dagli Orti
16	ph © The Bridgeman Art Library
21	Venise, Basilique Saint-Marc – ph © Aisa / Leemage
22, 25, 26	ph © J.L. Klein & M.L. Hubert / Biosphoto
31	ph © Tom Craig / REA
32	Prod DB © DisCina / DR © Adagp, Paris 2009
33	ph © Hervé Bruhat / Rapho / Eyedea
36	ph © Greg Epperson / Age Fotostock
40, 41	ph © Denis Bringard / Biosphoto
42	ph © Philippe Royer / Hoa-Qui / Eyedea
44	ph © Pierre Gleizes / REA
46	ph © Marge / Sunset
60, 61	© CASTERMAN
64	Collection Kharbine-Tapabor
66	ph © Metropolitan Museum of Art, Dist. RMN / Image of the MMA
70	ph © Artothek / La Collection

Achevé d'Imprimer à Bologne - Italie - par Grafica Editoriale Printing
Dépôt légal n° 117703 - Avril 2009